KB124286

거리의 언어학

사회언어학자 김하수의

말 읽기 세상 읽기

김하수 지음

거리의 언어학

한뼘책방

머리말

'사회언어학'이라는 분야에 대해 처음 귀동냥을 하게 된 것은 1977년 봄, 한국외국어대에서 열린 한국 언어학회 학술발표회 때로 기억한다. 그때만 해도 내가 이 분야를 붙들고 평생을 보내게 되리라고는 생각도 못했다. 그저 유학을 준비하면서 해외에 나가 그럴듯하게 내세울 무언가를 찾아보려고 여기저기 입질을 하던 시절이었다.

1979년에 독일로 유학을 떠나 낯선 곳에서 낯선 공부를 시작하면서 지도 교수의 추천을 받아 가장 먼저 읽은 책이, 지금 생각하면 참으로 다행스럽게도, 당시 뒤스부르크 대학에 재직하던 울리히 아몬 교수의 『사회언어학의 제 문제(Probleme der Soziolinguistik)』였다. 무슨 공부를 본격적으로 해야 할지 나에게 묵직하게 암시해준 책이다. 그 뒤로 나는 나의 공부를 수행하면서 논문의 주제는 아니었으나, 과연 언어로 정의를 바로 세울 수 있을 것인가 하는 물음에 계속 사로잡혀 지냈다.

내가 '정의로움'이라는 화두에 갇혀 지냈던 까닭은 그 당시의 시대상에서 말미암았다고 해도 좋을 것 같다. 내가 공부하던 1970년대는 여느 때보다 취직이 잘되고, 살 만해지고, 고속도로가 뚫리고 지하철이 달리기 시작했으며, 아파트라는 것이 본격적으로 들어서며 집에서도 간단히 목욕을 할 수 있게 된 시절이었다. 오늘날의 우리가 누리는 삶의 형태가 이 시절에 완성되어가고 있었다. 그런 반면, 정신적으로는 황량하기 그지없었다.

대학 생활은 늘 정부 비판, 교련 반대 등으로 시위가 그치지 않았고 결국 대학 4학년 2학기 때에는 학교가 공수부대에 점령당해 내내 휴교 상태에 있다시피 하였다. 무언가 정상적으로 작동한다는 느낌이 들지 않았다. 지금도 성적 증명서를 떼어보면 4학년 2학기 성적이 나와 있는데 개별 수업에 대한 분명한 기억이 전혀 떠오르지 않는다. 어떻게 이런 성적이 나왔는지 의아하기만 하다. 그에 대한 아무런 증거물이 내 머릿속에 없기 때문이다. 무슨 역사니 문학이니 하는 것을 공부하는 친구들 가운데는 세상일에 대한 문제의식과 방향성을 이미 잡은 듯이 무르익은 비판 의식을 드러내는 '깨어 있는' 친구들이 꽤 있었다. 그러나 내가 공부하는 영역에서는 개인적 분노 정도는 하고 있었지만 체계 있는 비판을 해내는 벗들을 찾기가 퍽 어려웠다.

그 후 군 생활을 하면서 이른바 '유신헌법'에 대한 찬반 투표가 있었다. 내가 근무하던 군부대에서는 완전한 '공개투표'가 진행되었다.

설마 60만 대군 가운데 오직 우리 부대만 공개투표를 했을까? 종종 반공 교육에서 북한의 선거는 흑백으로 구분된 상자에 표를 던지는 사실상 공개투표라며 비판했는데, 우리도 별반 다르지 않았다고 조소를 던지곤 했다. 유학을 가기 위한 여권 받기도 쉽지 않았다. 결국은 예정보다 한 학기 늦게, 그것도 어느 기관에 가서 서약서를 쓰고서야 겨우 출국할 수 있었다. 참으로 부조리한 시절이었다. 그랬기 때문에 무언가 바르게 돌아가는 '정의'라는 것에 목말랐는지도 모른다.

1979년 10월 5일 출국하던 날, 김포 공항으로 향하는 택시 안에서 당시 야당 지도자였던 김영삼이 국회에서 제명됐다는 뉴스를 들었다. 공부를 마치고 이 나라에 돌아온다면 도대체 어떻게 의미 있는 삶을 살 수 있을까 하는 좌절을 느끼며 출국했다. 이 사건 이후 정확하게 석 주 후에 당시의 대통령 박정희는 자신의 수하에게 저격을 당했다. 그 이후의 역사는 누구든지 잘 아는 그 방향으로 흘러 오늘에 다다랐다.

앞에 언급한 아몬 교수의 책을 읽으면서 언어학과 사회 계급이 어떤 연관이 있는지 처음 깨달았다. 또 노동자의 언어니 시민의 언어니 하는 용어도 주워들었다. 언어 능력의 격차는 그냥 '차이'에 불과한 것인가, 아니면 '손상'을 당한 것인가 하는 문제 제기 앞에서 한동안 더 나아가지 못하고 방황하기도 했다. 언어 자체의 형식과 구조에 탐닉하던 나의 시각이 인간의 문제, 사회 제도의 문제로 옮겨가는 데는 그 후로도 많은 시간이 필요했다.

그 이후 강단에서나 일상에서나 나의 관심은 늘 '언어와 그 무엇'이었다. 물질의 화학적인 변화에는 '촉매'가, 질병이 퍼지는 데는 '매개체'가 필요하듯 사회적 소통을 위해서는 의미를 담아 나르는 '언어' 혹은 '매체'가 필수적이다. 언어는 혼자 있지 않고 늘 곁에 문자, 매체, 소리, 감정, 논리와 맥락 등을 달고 다닌다. 언제나 복합적이다. 그러다 보니 언어와 그 무엇의 사이에는 은폐된 문제가 많다. 그 은폐된 것들은 끊임없이 언어활동 참여자들을 불편하게 하고, 사이를 이간질하고, 불평등하게 만들고, 현실에 체념하고 자책하게 만든다.

언어의 실체를 총체적으로 이해하고 비평하려면 언어에 입혀놓은 갖가지 치장물과 위장품을 벗기는 일도 해야 한다. 그래야 이 언어가 매개하고자 하는 내용의 실체가 무엇인지를 알 수 있기 때문이다. 언젠가 방송에서 본 어느 중국인의 말이 떠오른다. "글은 말을 다 담아내지 못하고, 말은 마음을 다 담아내지 못한다"고 했던가. 언어학이란 분야가 얼마나 아슬아슬한 벼랑에 몸을 맡기고 있는 상황인지 다시 한번 깨닫게 된다. 그러니 이렇게 치장물을 덮어쓴 언어는 종종 무겁고 부담스러우며 거추장스럽다. 이것을 걷어내려면 묵언수행을 닮은 성찰이 필요하다. 언어적 성찰, 곧 언어 비판은 자신이 내뱉은 말을 곰곰이 되씹어 새김질하는 과정에서 가장 활발하게 일어난다.

나의 생각을 되새김하고자 여기에 묶어내는 글들은 2015년 5월부터 2019년 5월까지 한겨레신문의 '말글살이'라는 칼럼난에 연재했던 글들을 추려 모으고 내용을 보충한 것이다. 학술적인 시각도 얼마간 들어 있지만, 대개는 길거리를 걸어가면서도 느끼고 생각할 수 있는 단상들이 중심을 이룬다. 지면의 제약과 소재의 가벼움 때문에 사회언어학이라기보다는 '정치적 올바름'이라는 다분히 소시민적인 비판의식에 기댄 부분도 적지 않았다. 과거에는 소시민성을 비판적으로 보곤 했지만, 날이 갈수록 소시민적 비판 의식과 대중의 폭넓은 각성 사이에 상당한 연동성이 느껴졌기 때문이다. 한마디로 언어 그 자체의 의미에 몰입하지 않고 말이 가리키는 '사회적 심층 구조'에 관심을 가지려고 애썼다.

처음에 생각했던 것보다 글을 추리고 갈라내고 손질하고 보충하는 데 상당히 많은 시간이 걸렸다. 더구나 원고를 정리하는 과정에서 나의 죽마고우 둘이 유명을 달리했다. 젊디젊은 시절 시골에서 올라와 야무진 사업가로 성장했던 벗 최명기와, 고등학교 시절에 함께 신문반 활동을 하고 한 해 차이로 국어국문학과에 입학하여 결국은 동료로 지냈던 마광수 교수이다. 그들과 마음속으로 이별하는 시간 동안 아무것도 하지 못하고 그저 날짜만 허송했다. 그 바람에 원고 정리가 너무 늦어졌고, 나의 원래부터 늑장부리고 꿈지럭거리는 습성이 더해 한뼘책방 이효진 대표의 마음고생이 무척 많았다. 다음부터는 좀 더 성실하고 바지런한 필자를 만나기를 빈다.

신세를 진 분들도 있다. 이 글 가운데 언어 관련 장애인들에 대한 몇 가지 단상이 있는데 그 분야에서 쓰이는 중요 개념이나 법적인 근거

등을 확실하게 할 필요가 있었다. 이에 대해 자문을 해주신 국립국어원의 특수언어진흥과장 정호성 선생과 수어 문제에 대한 주무관 이현화 선생께 감사하다는 말을 여기에 남기고 싶다. 주어진 업무만으로도 바쁘셨을 텐데 서슴없이 시간을 내어주셨다.

나는 10여 년 전부터 한겨레신문사의 말글연구소 사외 연구위원으로 있으면서 여러 가지 언어적 각성과 사회언어학적인 의제 설정을 위한 프로그램에 공조하고 있다. 그러면서 칼럼을 연재할 기회를 얻었다. 연재를 하는 4년 동안 틈틈이 실린 글에 대해 품평도 해주시고 격려도 해주신 동료 위원들께 감사의 말씀을 전한다. 박창식 소장님, 모임을 위해 광주에서 묵묵히 올라오셨던 나익주 선생님, 그리고 어떤 쟁점도 빠뜨림 없이 풍부한 경험을 바탕으로 조언해주신 조병래 위원도 참고마웠다. 워낙 바쁘셨던 이근형 위원도 언어와 사회적 소통에 대한 관점을 잃지 않으시며 의견을 주셔서 고마웠다는 말씀을 끄트머리에나마 덧붙인다.

늘 언어가 사회를 변혁하는 힘의 원천이 되기를 고대했다. 나의 손길과 목소리로는 여기까지이지만 또 다른 손길과 목소리가 다음을 이어가주길 바랄 뿐이다.

— 김하수

차례

3 차별하는 언어, 배제하는 사회

세상은
언어로 이루어졌다

언어
생태계

이 세상에는 생태계라는 것이 있다. 생물과 무생물, 유기물과 무기물이 서로 엉겨 함께 공존하는 세계이다. 이 생태계 내부에는 매우 복잡한 다양성이 있으며, 서로 잡아먹기도 하고 기생도 하며 이익을 나누기도 한다. 생태계라는 개념은 인간의 삶과 자연계의 운동 법칙을 함께 볼 수 있다는 점에서 매우 유용한 개념이다. 그런데 언어학, 그 가운데서도 사회언어학 분야에서 이것을 슬쩍 빌려와서 언어 생태계라는 개념을 사용한다.

생태계 안에서 생물, 미생물, 땅, 물, 날씨, 온도 등 모든 것이 서로 연결되어 있듯이 언어 세계에서는 말소리, 문법, 의미, 시제,

인칭, 서법, 욕망, 신념, 심지어 국가 조직과 상업 활동 등 모든 것이 서로 연결되어 있다. 생태계에는 삶과 죽음이 있다. 언어 세계에도 삶과 죽음이 있어서, 새 언어가 탄생하기도 하고 취약한 언어가 죽기도 한다. 생태계에서 서로 다른 종이 함께 공생하듯이, 언어 세계에도 서로 다른 언어가 하나의 공간에서 함께 쓰이기도 한다. 생태계에서 강자와 약자가 준엄하게 갈리듯이, 언어 세계에서도 마찬가지이다. 생태계에서 알과 새끼를 잘 간수해 종족 번식을 노리고자 하는 본능이 있듯이, 언어 세계에도 스스로의 언어를 잘 가꿔 널리 퍼지게 하려는 합목적적 지향성이 있다.

땅에 지층이 생기듯이, 언어에는 사용자들의 지위에 따라 계층이 생기기도 한다. 그것은 언어가 '자연스럽게' 분화된 것이 아니라 사람이 만들어놓은 것이기 때문이다. 얼마나 교육의 기회를 얻었는지에 따라, 얼마나 문화적 자산을 가지고 있는지에 따라 계층이 드러나기도 한다.

땅에 지각변동이 있듯이, 언어도 때때로 큰 변동을 일으킨다. 원래 스코틀랜드는 잉글랜드와 별개의 나라였지만, 하나의 왕이 다스리는 두 나라로 연합했다가 나중에 사실상 합병된다. 그러면서 스코틀랜드어는 점점 사라지는 신세가 되었다. 그 외에도 수많은 언어들이 역사적 격변기에 그와 비슷한 지각변동을 겪었다.

자연 생태계에서 종종 병충해나 외래 식물 때문에 많은 식물들이 삽시간에 사라지기도 한다. 언어의 세계에서도 비슷한 일들이 일어난다. 오랜 옛날 아메리카 대륙에는 지금과 전혀 다른 인종들이 광범위하게 퍼져 살고 있었다. 그러나 유럽인들의 침략을 받은 지 얼마 되지 않아, 그들은 보일까 말까 한 자취만 남기고 사라지거나 잘 안 보이는 곳으로 밀려났다. 그들의 언어는 지배자들의 자료집 속에나 남아 있을 뿐이다.

생태계에는 종종 교배나 돌연변이를 통해 새로운 종이 나타나기도 한다. 언어도 서로 다른 종이 만나 새로운 언어가 탄생되기도 한다. 아프리카의 '스와힐리어'는 '아랍어'와 '반투어'가 뒤섞인 언어였는데, 현대사회에서는 '영어'가 또 섞여 들어갔다. 파푸아뉴기니에서 사용하는 '톡 피신'이라는 언어도 현지 언어와 영어가 뒤섞인 새 언어이다. 동남아시아의 말레이시아와 인도네시아에서 사용하는 '말레이시아-인도네시아어', 줄여서 '마인어'라고 하는 언어 역시 수많은 종족어들이 섞여서 만들어진 혼합어로서 근대에 태어난 새로운 언어이다. 한때는 이렇게 새로 뒤섞여 생긴 말들을 교배된 언어라고 해서 부끄럽게 여기기도 했으나, 이제는 지역 차별, 종족 차별 등을 극복한 언어라고 그 가치를 높이 사기도 한다. 또 사실상 오래된 언어들 역시 과거 언젠가 다른 언어와 크게 뒤섞인 경험이 있다는 연구 결과들이 있다. 옛 영어와 프랑스어가 뒤섞여 형성된 현재의 영어가 가장 대표적인 경우일 것이다.

생태계에서 멸종된 종을 복원하는 일이 있듯이, 매우 드문 경우이지만 죽은 언어를 소생시키는 일도 있다. 현대 이스라엘어가 대표적이다. 이스라엘은 2차 세계대전 이후 독립을 하면서 구약 성서를 바탕으로 옛 히브리어를 재생해냈다. 또 영국의 서남부 끄트머리에는 콘월이라는 지역이 있다. 여기에서는 예부터 아일랜드어의 방언인 '콘어'라는 말을 사용해왔는데 19세기에 마지막 사용자가 세상을 떠났다. 최근에 이 언어의 소생 운동, 곧 되살리기 운동이 벌어지고 있다.

이렇게 언어의 현실은 역사의 흔적을 그대로 품고 있다. 어떤 언어든지 처음 그대로의 모습을 지키고 있는 것은 없으며, 과거의 상처와 영광을 그대로 온몸에 새기고 있다. 과거의 부끄러움을 잊으려고 종종 성형수술을 하지만, 그 수술 자국 또한 남게 마련이다.

군이 이렇게 언어를 생태계에 비유하는 까닭은 그렇게 함으로써 언어와 비언어, 언어 사용자, 언어 학습자, 그 언어를 배태한 문화, 그 언어와 경쟁하는 또 다른 언어 등을 제대로 볼 수 있기 때문이다. 또 그렇게 해야 사람들이 자신의 언어가 생태계에서 얼마나 중요한 고리가 되어 있는지를 깨닫기 때문이다. 그리고 무엇보다도 남의 언어를 경멸하지 않고, 이 땅의 모든 언어가 뭇 생명처럼 모두 다 귀한 가치를 품고 있음을 깨닫게 되기를 바라기 때문이다.

언어의
가짓수

지구상의 언어를 조사해서 보고하는 자료를 뒤져보면, 현재 이 세상에는 대략 6천에서 7천에 가까운 언어들이 있다고 한다. 비록 '대략'이라는 말을 붙이고는 있지만 그렇게 어물어물 어림잡아 말하기에는 그 편차가 심하게 크다. 대략이라는 말을 붙이려면 그래도 '6천 3백에서 4백 사이' 정도는 되어야 하지 않을까? 사실 이정도 편차가 큰 수치라면 일정한 근사치를 표현한다기보다는 차라리 '제대로 헤아릴 수 없음'을 나타내는 말이라고 볼 수 있다.

세계의 언어 수를 다 헤아리기 어려운 까닭은 우선 그 가짓수가 너무 많기도 하고 전문가들이 접근하기 어려운 오지가 많은 탓도 있지만, 무엇보다도 더 큰 어려움은 언어 그 자체에 숨어 있다. 대부분의 언어들은 내부에 '방언'이라고 부르는 별종의 언어가 있다. 그런데 이것을 '별종'이라고 해야 할지 '이종'이라고 해야 할지, 혹은 '이란성 쌍둥이'라고 해야 할지조차 불투명한 경우가 많다. 방언 가운데는 인근 언어와 약간 다른 것이 있는가 하면, 너무 다른 경우도 있다. 그러므로 그것들이 서로 별개의 언어냐, 하나의 언어냐 하는 논쟁이 자주 벌어진다. 별개의 언어라 해놓고도 좀 비슷하게 생긴 언어들이 있는가 하면, 아무리 달라도 이렇게 다를 수 있을까 하는 방언들도 있다. 그러다 보니 언어의 숫자를 헤아리는 것은 유리구슬 세는 것처럼 간단하지가 않다.

하나의 예를 들어보자. 유럽의 서남쪽 땅끝에는 이베리아 반도가 있고, 그 반도 위에 스페인과 포르투갈 두 나라가 있다. 이들 나라는 각각 스페인어와 포르투갈어를 공용어로 쓴다. 굳이 공용어라고 단서를 단 까닭은, 그 외에도 공용어 자격을 얻지 못한 언어들이 있기 때문이다. 그런데 이 두 언어, 즉 스페인어와 포르투갈어는 서로 비슷한 언어로 알려져 있다. 당사자들의 말에 의하면 빨리 말하면 좀 어렵지만, 천천히 말하면 서로 충분히 알아듣는다고 한다. 그렇다면 그 두 언어는 차라리 방언 사이라고 하는 것이 옳지 않을까?

철저하게 언어학적인 입장에서, 비언어학적인 모든 요인을 지우고 담백하게 말한다면 스페인어와 포르투갈어의 관계는 '언어구조적으로' 방언 사이라고 할 수 있다. 역사적으로 그렇게 발전했던 '국면'이 있었다. 그러나 서로 다른 나라를 형성하고 서로 다른 사회의 '공용어'가 되면서, 언어 구조적인 관계보다는 '공용어로서의 주권'이 더 중요해졌다. 곧 정치적 조건 때문에 이 이상 방언처럼 다룰 수 없게 된 것이다. 포르투갈의 북쪽에 있는 스페인 영역에서는 갈리시아어라는 방언이 사용되는데, 이 언어의 겉모습은 스페인어의 방언이라기보다는 포르투갈어의 방언에 더 가깝다. 그러나 이 지역 사람들은 스스로 스페인 국민으로서의 정체성을 지니고 있다. 그것도 매우 보수적인 성향이다.

조금 다르면서도 비슷한 예가 또 있다. 포르투갈어는 과거에 포르투갈의 식민지였던 브라질의 공용어이기도 하다. 최근에 와서 브라질은 자기네 언어를 포르투갈어라 하지 않고 브라질어라고 말하기 시작했다. 왜냐하면 브라질의 포르투갈어에서는 브라질 특유의 언어 차이가 조금씩 생겨났기 때문이다. 브라질에서는 이런 면을 강조하면서 브라질어라는 개념을 사용한다. 그 이면에는 지난날 포르투갈의 식민지였다는 티가 언어 명칭에 남아 있는 것을 꺼리는 마음도 있는 것 같다. 이처럼 스페인어와 포르투갈어의 관계, 또 포르투갈어와 브라질의 포르투갈어의 관계 등을 어떤 시각에서 보고 개념화하느냐에 따라 언어의 가짓수는 당연히 달라지게 마련이다.

우리 주변에서 더 쉽게 찾아볼 수 있는 예도 있다. 우리는 보통 영국 영어와 미국 영어, 호주 영어 이 세 가지를 약간의 차이를 가진 하나의 영어로 여긴다. 그러나 만일 이 차이를 중대하다고 평가한다면 아마도 세 가지의 영어라고 할 수도 있을 것이다. 뒤늦게 영어를 공용어로 받아들인 싱가포르에서는 자신들의 통속 영어에서 나타나는 특징을 가리켜 '싱글리시'라는 별명을 붙이고 있다. 공용어로서의 영어가 아니라 통속어로서의 영어를 가리키기 때문에 이것을 영어의 가짓수로 삼기에는 무리가 따르지만, 언어의 가짓수를 따지기가 수월치 않음을 설명하는 사례로는 충분히 의미가 있을 것이다.

일본어와 오키나와어의 관계도 살펴볼 만하다. 오키나와어가 일본어와 어느 정도 관계가 있는 것은 사실인 것 같지만, 일본어의 방언으로 다루기는 좀 조심스럽다. 일본은 오키나와를 합병

한 이래 오키나와어를 일본어의 방언으로 대하면서 그 언어 사용을 억제했다. 사실 오키나와어 역시 자체 내에 다양한 방언을 가지고 있다. 보는 시각에 따라 일본에서는 하나의 일본어와 다양한 방언들이 사용된다고 볼 수도 있고, 일본어와 그 방언들, 그리고 다양한 방언들이 모여 있는 오키나와어, 이렇게 두 개의 개별 언어가 사용된다고도 볼 수 있다.

중국의 언어와 방언의 문제도 그리 간단하지 않다. 우리 같은 외국인에게는 완전히 별개의 언어처럼 들리는 말이 중국에서는 그냥 방언으로 받아들여진다. 사용 인구도 많고 넓은 지역에서 사용하는 우(吳) 방언(저장성), 간(贛) 방언(장시성), 민(閩) 방언(타이완과 건너편 푸젠성), 샹(湘) 방언(후난성 일대), 웨(粤) 방언(광둥어라고도 함. 광저우, 홍콩 일대) 등으로 나누고 있는데, 그 언어 차이는 별개의 언어에 더 가깝고 서로 소통도 잘 안 된다고 한다.

한국어에서도 비슷한 예가 있다. 일반적으로 제주에서 사용하는 토착어를 한국어의 방언으로 본다. 그러나 전문가에 따라서, 비록 가설 차원으로 생각되지만, 한국어와 제주어를 별개의 언어로 보려는 경우도 있다.

결론적으로 말하자면 서로 소통이 근근이 되는 언어들을 각기 별개의 언어로 인정하는 경우도 있고, 전혀 소통이 되지 않는데도 같은 언어의 방언으로 보는 경우가 있다는 것이다. 누가 보든지 비합리적이다. 왜냐하면 이러한 구분은 전혀 언어학적이 아니며 대단히 정치적이기 때문이다. 언어는 늘 아슬아슬한 정치의 칼날 위에 서 있는 존재이기도 하다. 방언의 분류에 있어서 문법의 '체계'에 따라 분류하기를 원하는 사람도 있으나, 정치적 정체성을 기반으로 방언 여부를 판단하려는 '태도'가 더욱 강력한 결정력을 가지게 된다.

이상한
언어 경계선

예전에 유고슬라비아라고 알려졌던 발칸 반도의 큼지막하던 나라는 지금 세르비아, 크로아티아, 슬로베니아, 보스니아 헤르체고비나, 몬테네그로, 마케도니아 여섯 나라와 아직 국가는 아니지만 사실상 독립 상태에 있는 코소보 지역 등 일곱 군데로 나뉘었다. 가장 널리 쓰이던 공용어는 '세르보크로아트어'였다. 세르비아와 크로아티아에서 사용하는 언어라는 뜻으로, 세르비아인과 크로아티아인들의 언어를 통합한 언어이다. 객관적으로 보면 이 두 지역은 분명히 같은 언어를 사용한다. 오로지 방언 차이만 보일 뿐이었다. 그러나 이탈리아의 영향을 많이 받은 크로아티아는 가톨

릭을 주로 믿고, 알파벳을 사용한다. 반면에 세르비아는 러시아처럼 키릴 문자를 사용하고 정교회를 믿는다. 이 두 지역은 퍽 오래전부터 반목이 매우 심했으며, 서로 같은 언어로 인정받기를 거부한다.

한편 이 두 지역 틈새에 있던 이슬람 지역인 '보스니아 헤르체고비나'가 1990년대에 무력 충돌을 겪으며 독립을 했고, 또 다른 그들의 방언을 공용어로 삼았다. 하나의 언어가 각각 '세르비아어', '크로아티아어', '보스니아어' 세 가지 방언으로 나뉘어 분가한 것이다. 여기에 그치지 않고 2006년에 몬테네그로가 세르비아에서 독립을 하면서 자신들의 방언인 '몬테네그로어'를 공용어로 삼았다. 결국은 하나의 언어가 방언에 기초하여 네 가지 별개의 언어처럼 되어버린 것이다. '마케도니아어'는 또 다른 언어인 불가리아어와 매우 가깝지만 정치적으로 별개의 독립국이 되면서 또 하나의 공용어가 되었다. 또 '슬로베니아어'는 원래부터 성격이 다른 남슬라브어였기 때문에 일찍이 별개 언어로 인정받았었고, 코소보 지역은 원래 세르비아어 사용 지역이지만 지금은 절대 다수의 주민이 '알바니아계'의 소수민족이다. 그 앞날이 어찌될지 점치기 어렵다.

또 다른 예로 인도와 파키스탄을 보자. 이 지역에서는 다양한 언어들이 토착어로 사용되고 있다. 인도의 가장 큰 다수 언어는 '힌디어'이다. 그리고 파키스탄의 공통어는 '우르두어'이다. 이 힌디어와 우르두어는 사실상 같은 언어인데, 당사자들은 서로 다른 언어라고 주장한다. 차이가 있기는 있다. 인도의 힌디어는 인도의 문자 데바나가리를 사용하고, 힌두교적인 표현이 풍부하다. 이와는 달리 파키스탄의 우르두어는 아랍문자를 사용하고, 이슬람적인 관용어구가 많다.

이로 말미암아 이들 지역은 서로 다른 국어 교육을 시켜야 하고, 서로 다른 출판물을 펴내며, 서로 다른 방송을 하고 있는 셈이다. 언어의 차이를 강조함으로써 큰 사회적 비용을 치르고 있다. 그리고 동일한 문화에 기반을 둔 공동의 거대 시장을 이루는 데에도 성공을 하지 못하고 있다.

이번엔 '독일어'의 경우를 보자. 독일어는 독일연방공화국, 오스트리아, 스위스, 리히텐슈타인 등 네 나라의 공용어이다. 실제로 이들 나라에 가보면 발음의 차이가 꽤 크다. 서로의 차이를 고집한다면 서로 다른 맞춤법을 정해서 각자 편하게, 전체적으로는 서로 불통되어도 상관없이 지낼 수 있다. 그러나 이 네 나라들은 공통의 맞춤법을 유지하고 있다. 비록 자신들의 지역어와 차이가 나고 그렇기 때문에 불편함이 있지만, 공통성을 유지하려고 애쓴다. 그리고 공통의 출판물, 영화, 방송을 향유한다. 그만큼 문화적·사회적 비용을 잘 절약하고 있는 것이다.

우리의 남북 관계로 눈길을 옮겨 살펴보자. 남과 북도 동일한 언어를 가지고 있다. 일부에서는 남과 북의 언어가 달라졌느니 하며 걱정도 하지만, 남과 북의 언어는 통역이 필요 없는 언어다. 바로 그렇기 때문에 남과 북의 방송은 차단되고 있다. 만일 이 두 지역이 언어적 차이가 크다면 힘들게 방송을 차단할 필요조차 없을 것이다. 또 각종 출판물도 자유롭게 전해지지 못한다. 그 문장의 뜻을 워낙에 명확하게 알 수 있기 때문이다. 일부 맞춤법의 차이가 있지만 독해를 하는 데는 큰 수고를 들일 필요가 없다. 북에서 남으로 온 사람들의 불만을 조사해보면 오히려 영어에서 온 외래어 때문에 짜증이 난다고 하는 정도이다. 그러면서도 우리는 서로 다른 맞춤법을 가지고 있다. 한 번 눈길을 돌려 발칸 반도와 인도 아대륙을 돌아볼 필요가 있다. 그리고 유럽의 독일어 사용 지역을 볼 필요가 있다. 우리는 얼마나 스스로 불리한 조건에 매달리며 어리석은 함정에서 헤어나오지 못하고 있는가.

남과 북의 맞춤법은 어느 하나가 선진적이고 다른 하나가 후진적이라면 마음의 결정을 내리기 쉬울 것이다. 그러나 그 우열을 논의하기가 쉽지 않다. 따라서 승패를 가릴 것이 아니라 '합의'를 해야 한다. 또 서로가 '대의'에 합의를 한다면 쉽게 양보할 수도 있을 것이다. 그런 점에서 서로 대의에 합의하는 것부터 논의를 시작해야 한다. 이미 남과 북은 2005년부터 우리 겨레말 공동체의 발전을 위한 사업으로 '겨레말큰사전'이라는 공동 사전을 편찬하는 작업을 하고 있다. 원래의 예정으로는 이미 끝나서 그 산물이 나와야 했지만, 그동안에 남과 북의 복잡다단한 정치적 문제가 있어서 아직 출간되지는 못했다. 종이 사전이 어려우면 웹 사전 형태로라도 공개될 가능성이 있다.

　　이미 70년 가까이 다르게 살아온 인습을 생각한다면 지나치게 조급한 대응도 조심해야 한다. 하루에 한 발짝을 나아간다 하더라도 거꾸로 되돌이킬 수 없는 한 걸음이 필요하다. 서서히 서로의 소통을 단계적으로 자유화하며, 각종 매체도 활성화하도록 하고, 부담이 적은 출판물부터 유통될 수 있는 길을 찾아 다양한 장치로 현재의 질곡을 벗어나야 한다.

어머니의
말

특별한 예외가 아니라면 사람들은 어린 시절 어머니한테 말을 배운다. 좀 넓게 말하면 부모한테서 혹은 부모와 조부모한테서 배운다. 어떻든 어머니의 역할이 가장 돋보이기 때문에 모어(母語, mother tongue)라고 한다. 모국어라는 말도 썼으나, 국가를 배경으로 가지지 못한 언어가 워낙 많기 때문에 나라 국(國) 자를 빼고 말한다.

아기들이 말을 배울 때 어머니의 힘이 크다고는 하지만 냉정하게 돌이켜보면 어머니의 언어 교육은 좀 의심스러운 부분도 있다. 어머니들의 교수 능력은 검증된 바가 없기 때문이다. 모든 어머니들이 사범대학이나 교육대학 나온 것도 아니다. 교사자격증을 갖춘 어머니들은 대단히 드물 것이다. 심지어 어머니가 문맹일 경우도 있다. 그런데 어떻게 우리는 어머니한테서 그 복잡한 언어를 제대로 배웠을까? 우리가 쟁쟁한 선생님들한테 외국어를 배워도 대개 그 성과가 크지 않다. 문법을 통달해야 하고 발음도 제대로 익혀야 하며, 또 어휘력도 충분해져야 한다. 어느 것 하나 녹록한 것이 없다. 그런데 자식에게 말을 가르치는 그 어머니의 힘은 도대체 어디에서 나오는가? 필경 어머니의 학력도, 경험도, 유전적인 영향도 아닐 것이다. 그러면서도 무언가 우리 보통 사람들도 이해할 수 있는 합리적인 까닭이 있을 것이다.

사실 언어학자들 가운데도 말 배우기 과정을 좀 '신비스럽게' 보려는 이들이 많다. 어머니의 교육 능력의 한계, 교육 환경의 격차, 교수법의 빈곤, 게다가 각종 교재와 참고서 또 교사 지침서도 없는 취약한 교사인 어머니들이 어떻게 한 언어를 그리도 완전하게 가르칠 수 있을까 하는 물음에서 출발하기 때문이다. 더구나 1+1=2라는 수식도 잘 이해하지 못하는 낮은 지능의 사람들도 이 복잡한 구조의 언어는 제대로 배운다. 충분히 신비한 일이기는 하다.

한편에서는 신비주의를 거부하는 언어 전문가들이 있다. 이들은 보통 어머니들의 모어 교육이 매우 훌륭한 방식으로 수행되고 있음을 강조하며, 어머니들의 기량을 낮게 평가하는 신비주의자들을 비판한다. 이들의 눈으로 보면 아기들은 매우 이상적인 조건 속에서 말을 배운다. 한 교실에 수십 명씩 몰아넣은 교육이 아니라 아기와 엄마 1:1의 교육이 이루어지는 것에 주목한다. 좀 더 나은 경우에는 엄마 아빠와 아기, 이렇게 2:1의 집중 교육도 가능하다. 여건이 더 좋은 집에서는 양가의 조부모까지 동원되어 풍부한 언어를 아기한테 노출시킨다. 세상에 어느 교육이 이렇게 하나의 학습자에 복수의 교수자를 맺어줄 수 있단 말인가?

아기들은 24시간 돌봄을 받는다. 교육 용어로 말한다면 '종일 교육'이다. 그리고 항상 '현장 교육'이다. 뜬구름 잡는 이야기로 가르치는 것이 아니라 늘 현장에서 실물로 교육하는 것이다. 이뿐만 아니라 숙제도 없고 시험도 없다. 매우 자유스러운 '열린 교육'을 하고 있다. 교육과정도 자유스럽다. 그저 엄마가 가르치기 나름이다. 교장 선생님이 순시하지도 않는다. 늘 편안하고 하고 싶은 만큼만 배우는데 무슨 중도 탈락자가 생기겠는가?

아기들은 말을 잘못해도 절대로 야단맞는 일이 없다. 오히려

온 가족이 아기의 잘못된 발음을 따라하며 즐거워한다. 아기가 있는 집집마다 아기들의 이상한 말버릇을 창피해하지도 않고 그냥 따라하는 어른들이 퍽 많다. 아기들이 천천히 훗날 수정하면 그냥 점수를 올려줄 뿐이고, 배움이 늦되다고 해서 감점은 없다. 배움의 스트레스가 전혀 없는 것이다. 우리가 당연하다고 알고 있는 학교 교육이 오히려 문제가 많은 셈이다.

아기들은 잘하면 잘하는 대로, 자꾸 틀리면 그저 틀리는 대로 말을 익혀가다가 대략 만 여섯 살 전후가 되면 별 문제 없이 어머니의 말을 정복해낸다. 그러는 동안 교과서나 참고서 혹은 사전 같은 것을 하나도 살 필요가 없었다. 그냥 늘 함께하는 어른만 있으면 모어를 넉넉히 배울 수 있었던 것이다. 이상하게도 아이들은 부모의 경제적 수준이나 사회적 지위에 그리 영향을 많이 받지 않고 고만고만한 언어 능력을 얻는다. 넓은 시야에서 본다면 한 사회 공동체의 언어 능력은 일단 비슷한 수준에서 시작하는 것이다. 비슷한 수준의 언어 능력을 바탕으로 소통의 공동체를 이루어 함께 사는 사회를 꾸리는 첫걸음이 바로 공통된 언어인 것이다.

문제는 어머니의 말을 배우고 난 그다음에 나타난다. 학교를 들어가서 '글'을 배우면서 부모의 경제력이나 사회적 지위에 따라 언어 능력의 차이가 조금씩 생겨난다. 상급 학교로 올라가 외국어를 배우게 되면 그 영향은 더 커진다. 부모 덕에 외국 여행을 자주 하거나 외국인과의 접촉이 쉬운 경우라면 더 손쉽게 나은 능력을 갖출 수 있기 때문이다.

바로 그렇기 때문에 공교육이 자기 기능을 잘해야 한다. 공교육은 아기들이 엄마들한테 말을 자유롭게 배우던 시기에 누렸던 지적이고 감성적인 평등함을 지속할 수 있도록 자기 기능을 다해 주어야 한다. 그것을 못하는 공교육은 어머니들이 성공해놓은 자녀 교육을 망치는 주범이 된다. 공교육은 어머니의 교육을 사회적으로 완성시키는 역할을 해야 할 것이다.

언어는
인권이다

인권에 대한 개념은 처음에는 신앙의 자유나 투표권 같은 개인의 사회적 권리에서 출발하여 점점 교육, 노동 등에 대한 폭넓은 삶의 권리로 관심사를 넓혀왔다. 최근에는 더 고도의 포괄적 가치인 난민의 생존, 성적 취향, 동물의 권리와 같은 문제를 통해 과거의 한계를 훌쩍 뛰어넘고 있다. 그리고 여기에 또 '언어'에 대한 인권 문제도 거론된다. 모든 사람들이 부모에게서 물려받은 언어인 '모어'를 보호해야 한다는 것이다. 이제는 인권의 범위가 거의 모든 삶의 영역을 건드리고 있는 중이다.

전 세계에는 대략 6천~7천 종의 언어들이 남아 있는데, 그 가운데 1억 명 이상이 사용하는 언어는 겨우 여덟 종이고, 천여 종의 언어는 그 사용자 수가 겨우 100명 미만이다. 그나마 20년 전 통계이니 지금쯤 사라졌을 수도 있다. 옛날에는 전쟁과 식민화 등으로 박해를 받아 사멸했지만, 요즘은 이주와 혼혈 등 '자발적' 원인으로 언어가 사라지기도 한다.

언어는 무척 복잡한 구조를 가지고 있다. 그러한 구조가 형성되기까지 수많은 사람들의 지적이며 문화적이고 심리적인 활동이 그 안에 담겨 들어갔다. 지적인 요소만이 아니라 더 복잡하고 은밀한 기능을 가진 감정적 요소까지 헤아린다면 언어는 인간의 다양한 인식과 감각, 믿음과 정서 등이 겹겹이 쌓인 문화적이고도 사회적인 복합체이다. 즉, 이것을 망가뜨리면 엄청난 지적인, 정서적인 손실을 입는다. 어떤 점에서 본다면 언어는 어느 민족의 것이라기보다는 전 인류의 공유 자산이라고 할 수 있다. 그래서 자연환경과 마찬가지로 함께 보호해야 할 의미가 있다. 그런데 세상이 하도 복잡하게 서로 가까워지고 망사리처럼 얽이다 보니까 본의 아니게 강한 언어가 약한 언어를 억누르는 듯한 현상이 보이기도 한다. 그런 점에서 본다면 우리 모두는 자신의 언어도 잘 지켜야 하지만 우리와 관계된 또 다른 사람들의 언어도 챙겨줄 필요가 생겼다.

　해외 동포들 가운데 고향을 떠난 지 오래이고, 또 재방문 기회도 별로 없었던 사람들 가운데는 '모어 상실'이라는 상태에 빠진 사람들이 적지 않다. 유창하던 자신의 언어를 잊어버린 것이다. 어찌 그럴 수가 있느냐며 타박하기가 쉽지만, 사람의 삶의 궤적에는 별의별 일이 다 있게 마련이다. 해외에 나가서 오랜 세월 근근이 살 수밖에 없었고, 현지인과 결혼하고, 혼혈 자녀를 열심히 양육해야 했다면 모어를 깜빡깜빡하는 정도가 아니라 사실상 '언어 사멸' 수준의 소통 장애를 겪기도 한다. 완전히 잊어버리지는 않았지만 유창하게 쓰지는 못하는, '반쪽 언어 능력'만을 가진 경우는 매우 많다. 말하기와 쓰기 부문을 적극적 언어 능력이라고 하고, 듣기와 읽기를 소극적 능력이라고 한다. 오랜 동안 외국에 살면서 같은 언어 사용자를 만나지 못하는 상황이 지속되면 특히 적극적 능력에서는 손상이 생기기 쉽다.

　각 나라의 정부에서는 해외에서 이주해온 사람들이 그들의 고향 언어를 유지하도록 권장하고 도와주는 정책을 점점 활발하게 펼치고 있다. 하지만 대부분의 경우는 출신 국가와 현지 국가의 유대가 깊은 곳을 중심으로 정책이 이루어지며, 생소한 지역에서 온 사람들은 자연스레 소외되기 쉽다. 유럽연합 내부나 북미주에서는 유럽어를 중심으로 한 배려가 눈에 띌 뿐이다. 해외에 거주하는 한국어 사용자들의 경우도 그리 큰 정책적 혜택을 보지는 못하는 편이다. 입장을 바꾸어 생각해보면, 이제 우리 땅에 일하러, 혹은 가정을 이루려 들어온 외국 출신 국민들(그들의 대부분이 아시아인들이다)이 자신의 모어 능력을 잃지 않도록 지원해줄 때가 되었다.

예를 들어 아리랑국제방송을 보면 한국 관련 콘텐츠를 영어로 방송한다. 한국방송(KBS)처럼 아리랑방송도 제2 방송을 차려서 이주여성들의 고향 언어로 그들의 정보 취득을 돕고 문화적 욕망을 채워줄 수 없을까? 자잘한 고국 소식은 이미 사회적 통신망을 통해서 쉽게 접하고 있을 테고, 한국 사회 전반이 돌아가는 형세와 (귀화 혹은 영주)한국인으로서의 삶의 현장 정보 등을 고향 언어로 전달받는다면 우리 사회의 주변부에서 중심부로 옮겨가는 데에 자신감을 얻을 것이다. 그들도 이제는 '친정 언어'로 공공 서비스를 받을 자격이 충분히 있지 않은가.

우리도 이제는 지구상의 다양한 언어 자원을 보호하는 데 동참할 수 있게 '언어적 인권'이라는 개념을 염두에 두어야 한다. 우리가 식민지 시절 말을 지키려고 발버둥을 쳤듯이, 이제는 우리의 새 이웃이 모어를 지킬 수 있게끔 도움을 주는 것이 세계화된 시대에 우리에게 주어진 새로운 과제이다. 그래야 우리가 해외 교포들의 한국어 능력 유지를 위해 애쓰고 장려 정책을 펼치는 것에 대한 정당성도 내세울 수 있다. 앞으로의 시대에는 한국이 다른 '제국들'처럼 '언어의 공동묘지'가 되지 않도록 더 많은 배려를 해야 할 때라 생각한다.

방언의 약점과
강점

"표준어가 더 중요한가, 방언이 더 중요한가?" 하는 질문을 받으면 누구든지 당연히 표준어가 더 중요하다고 대답할 것이다. 결코 틀린 대답이 아니다. 그러나 충분한 대답은 아니다. 좀 더 충분한 대답을 하려면 위의 질문이 가진 약점을 지적해야 한다. 그 두 가지 말이 쓰이는 영역이 서로 다르다고.

광범위한 사회적 소통 행위에는 표준어가 압도적으로 유용하다. 보통 표준어는 문자라고 하는 표기 수단을 가지고 있다. 그뿐만 아니라 문자로 기록하여 다량으로 곳곳에 퍼뜨릴 수 있는 인쇄 매체, 출판사, 보도 매체 등에서 기본 소통 수단의 역할을 맡고 있다. 학교 교육이나 보도 활동, 각종 출판물의 간행에는 표준어가 절대적으로 광범위하게 쓰인다. 또 공문서, 법령, 종교 경전 및 각종 공식 행사에서도 표준어가 지배적이다. 외국인들이 배우는 언어도 대개는 표준어부터 시작한다. 곧 표준어는 그 나라나 자치 지역을 대표하고 상징한다.

법률도 일반적으로 표준어로 적혀 있다. 그러니 당연하게도 사법 활동과 그와 연계된 수사, 기소, 재판, 판결 등의 과정에서 사용되는 언어는 불가피하게 표준어의 영역이다. 종종 종교적 이유로 표준어가 아닌 특별한 언어가 사용될 수도 있다. 바티칸에서 쓰는 라틴어나 유대교 일부 보수 교단에서 사용하는 이디시어, 힌두교 일부 성직자들이 사용하는 산스크리트어 등이 그것이다. 그러나 이런 종파의 언어도 역사적으로 올라가보면 한때는 버젓이 표준어의 기능을 해내던 언어였다. 따라서 표준어는 '광범위한 사회 활동'을 위해서는 반드시 사용해야 하며, 경우에 따라 표준어 사용 능력이 부족할 때는 불가피하게 '학습 과정'을 거쳐야 한다.

방언은 그와 달리 특정 지역 내의 소통에 유용하고 유리하다. 해당 지역 밖에서도 가족이나 동향 출신들 사이에서 유용하게 사용된다. 각종 행사 가운데 토속적이거나 지역 특유의 행사일 경우에는 방언 억양이 사용되기도 한다. 그러나 사회적 공식성이 분명한 영역에서는 표준말의 영향이 대단히 커서, 방언은 이 공공 영역에서 상당히 위축되기도 한다. 이 정도로만 본다면 표준어의 중요한 점은 충분히 설명되었는데 방언의 중요성은 아직 한참 부족하다는 느낌이다.

표준어는 일종의 인위적인 언어이다. 일정한 목적의식을 가지고 특정 지역어를 바탕 삼아 요리조리 다듬어놓은 것이다. 표준 한국어의 경우는 '서울말'을 그 기초로 삼았다. 그런 면에서 본다면 우리의 표준어가 서울말이기는 하지만 전통적 서울말 그대로라고 하기는 어렵다. 특히 서울말도 옛날에는 지역에 따라 양반들이 사는 곳, 서민들이 사는 곳, 아전들이 사는 곳 등으로 계층화가 뚜렷했기 때문에 표준화 과정에서 배제된 어휘도 적잖다.

그러한 표준어의 구조와 성질을 잘 반영해낸 것이 맞춤법이기도 하다. 그래서 문법 구조와 호응이 잘 이루어진 표준어를 들여다보면, 이 좋은 말을 놔두고 굳이 방언을 쓸 필요가 있을까 하는 생각이 들 수도 있다. 그러나 그러한 짜임새를 실현하기 위해 인위적으로 보수적인 형태를 취하는 경우가 적지 않았다. 예를 들어 '꽃' 같은 말은 이미 20세기에 들어오면서 실제 발음이 [꼳]으로 변화를 겪고 있었음에도, 더 오래된 형태인 ㅊ받침을 유지하게 했다. 이렇게 'ㅊ'이 받침글자로 기능함으로써 한글자모의 분포가 상대적으로 고르게 되는 결과를 불러오기도 했다. 이와 같이 언어의 표준화는 결코 '자연스러운 변화'라고 할 수는 없고, 그보다는 또 다른 목표를 향한 '의도'가 깃들어 있는 언어라고 하는 것이 옳다.

표준어라는 것은 그리 오래된 개념이 아니다. 근대화가 이루어지면서 '시민'이라는 새로운 계층이 출현했고, 그들이 추구하는 몇 가지 (정치적)개념이 사회의 각 제도 속에 스며들었다. 예를 들어 신분에 따른 차별을 거부한다든지, 회의를 중요한 의사 결정 수단으로 삼는다든지 하면서 언어 사용 과정에서 객관성과 합리성을 구현하려 했다. 토론과 논쟁, 합의와 계약을 이룰 수 있는 '이성의 언어'가 필요했던 것이다. 그리고 그러한 언어를 '시민 사회의 언어'로 삼아 차세대를 교육했다.

그러므로 방언 사용자가 표준어 사용자로 전환된다는 것은 사회적으로 '공공 영역'에 참여할 자격이 있음을 보여주는 것으로 받아들여졌다. 표준어는 상대적으로 감성적이거나 통속적인 형태와 의미를 소거한 까닭에, 표준어를 사용하면 마치 이해관계를 초월한 객관성을 품은 듯한 인상을 줄 수 있다. 이러한 언어 사용

방식을 국가 차원까지 확대하면 그 표준어는 '국가적/국민적으로 통합된 언어'로 기능하거나 그것을 상징하게 된다. 이른바 근대 국민국가(네이션)의 체모를 보여준다.

반면에 방언은 살아 있는 그대로의 언어로 희로애락과 공감의 세계를 서슴없이 드러내곤 했다. 그런 점에서 표준어에 비해 '세속적'으로 보인다. 아니, 세속의 감성을 진하게 드러내는 말이다. 그래서 매우 쉽게 '낙인 효과'를 얻게 된다. 고급 언어가 아니라고 찍힌다는 뜻이다. 반대로 표준어를 구사하면 '위세 효과'가 생긴다. 방언과 달리 매우 긍정적인 반응을 얻을 수 있다는 말이다.

그렇기 때문에 방언을 사용하면 종종 억울하기도 하고 한스럽기도 한 '선입관'에 시달리기 쉽다. 무언가 세상의 기준점에서 멀어진 것 같은 인상을 준다. 이러한 언어적 편견의 영향은 매우 큰 편이다. 이 편견을 분석하기 위한 실험이 있었다. 요즘은 많이 극복되었지만 1960년대만 해도 캐나다에서는 영어가 지배적이었고, 프랑스어는 소수 언어 대접을 받았다. 이들의 사회심리학적인 분석을 위해 캐나다 프랑스어도 잘하면서 표준 영어도 유창한 사람이 똑같은 내용의 문장을 한 번은 영어로, 또 한 번은 프랑스어로 읽어 내려갔다. 그 녹음을 일반인에게 들려주면서 설문에 답하도록 했더니, 같은 사람의 녹음임에도 불구하고 큰 차이를 보였다. 프랑스어를 하면 학력이 낮은 사람 같다는 둥, 가난한 사람 같다는 둥, 키가 작은 것 같다는 둥 말도 안 되는 반응을 보인 것이다. 그만큼 방언이나 소수 언어 사용자는 사회심리적으로 편견에서 비롯한 불평등한 대우를 받기 쉽다는 것을 지적한 실험이다.

다행스럽게도 최근에는 방언 사용자의 자존감이 높아지고 새로운 인식도 뒤따르면서, 방언에 대한 편견에서 벗어나려는 흐름이 많이 나타나고 있다. 하나의 나라에 하나의 언어라는 언어적 애국주의의 호소력도 낮아진 편이다. 게다가 언론 매체에서도 경직된 언어관에서 조금씩 벗어나 독자들에게 호소력 있는 감성적 어휘를 자주 쓰게 되면서 방언에 대한 편견은 어느 정도 씻겨나간 듯하다. 아직까지는 전문 용어와 개념 중심의 표현 등에서는 한계가 있겠지만 표준어가 감당하기 어려운 '감성과 공감'을 추구하는 글월, 예를 들면 노랫말이나 광고 문안 등에서는 방언이 성장할 수 있는 새로운 여지들이 있을 것이다. 아마 그런 날이 오면 표준어도 사용할 줄 아는 방언 사용자들의 표현력과 언어 운용 능력이 오로지 표준어만 배운 사람들보다 훨씬 높은 사회성을 자랑하게 되지 않을까 한다.

서울말과
표준어

"서울말과 표준어의 차이는?"이라는 질문을 받으면 잠시 당황하게 될 것이다. 그러나 조금만 침착하게 질문의 의미를 살핀다면 별로 어려운 질문이 아니다. 서울말과 표준어는 사실상 같은 말이라고 할 수 있기는 하지만, 그렇다고 해서 꼭 같아야만 하는 것은 아니다. 서울말은 서울 지역의 자연언어를 가리키는 것이고, 표준어는 서울말에 바탕을 두고 제도화시켜서 사회 전체가 소통의 수단으로 삼은 공식적인 언어 체계를 이른다.

 서울 지역의 자연언어가 그대로 표준어가 된 것은 아니다. 전문가들의 손에 의해 약간 다듬어졌다. 서울 지역의 자연언어인 '그리구', '그렇게 허구' 등이 표준어에서는 '그리고', '그렇게 하고'로 다듬어졌다. 서울 토박이였던 작가 박태원의 작품 『천변풍경』에는 서울 사람들은 화폐를 가리켜 '둔'이라고 하고, 시골 사람들은 '돈'이라고 말하는 장면이 나온다. 그만큼 근대 초기까지 실제로 사용된 서울말과 지금 우리가 알고 있는 표준말과는 약간 차이가 있다.

또 서울말은 원래 모음의 길고 짧음, 즉 장단이 있었다. 특히 모음 [ㅓ]의 소릿값은 장단음이 뚜렷이 달랐다. 길게 발음하면 약간 [ㅡ]에 가까운 소리가 났다. 그래서 정(丁)씨 성은 짧게 [정]이라고 발음했지만 정(鄭)씨 성은 [증:]에 가깝게 들렸다. 지금도 서울 토박이들과 경기도 수도권 토박이들은 서울 서쪽의 서교동은 [서교동]이라고 짧게 발음하지만 남쪽의 서초동은 [스:초동]처럼 길게 발음한다. 여러 지방 사람들이 서울로 집중되면서 서울말은 원래의 단아한 느낌을 조금씩 잃어가고, 점점 조급하고 초조한 듯한 '빠른 말'이 되어간다. 1950년대의 영화를 보면, 당시에 웬 말을 저리도 느리게 했었는가 하고 답답한 느낌이 든다. 비슷한 느낌을 북한 영화를 볼 때에도 받을 수 있다. 지금의 서울 사람들이 북한의 언어를 들으면 무언가 생소한 느낌이 들겠지만, 객관적으로 본다면 다른 지방의 말보다도 아마 서울말 자체가 더 많이 달라졌을 수 있다.

정리한다면 서울말은 불변의 언어가 아니다. 자연언어로서의 서울말은 결국은 서울 사람이 누구냐, 그들이 언어를 어떻게 사용하느냐에 따라 어느 방향으론가 변화할 수밖에 없다. 그러나 표준어는 상대적으로 안정적이다. 인위적으로, 합목적적으로 조절되고 있으며 공적인 사용과 학습이 장려되는 언어이다.

표준어가 아무리 서울말을 기초로 하여 형성되었다고 해도 다양한 방언의 영향을 피할 수 없다. 광복 이후 서울의 인구 구성은 큰 변화를 겪었다. 전쟁 전후로 북쪽에서 내려온 정치적 이주자들, 전쟁 난민들, 그리고 산업화 과정에서 남부의 농경 지대에서 올라온 광범위한 농민층들의 차세대들이 서울의 주된 거주자가 된 것이다. 그뿐만 아니라 서울과 지방의 교류가 활발해지면서 서울의 문물이 지방에 미친 영향도 있지만, 지방의 산물이 서울에 전해지는 경우도 꽤 있다. 경상도 지방의 '얄궂다', 전라도 지방의 '매생이', 제주도의 '올레길' 등은 비표준어 출신 서울말이다. 요즘에는 '할배'와 '할매'도 방언이라기보다는 할아버지와 할머니의 애칭처럼 쓰인다. 아이를 가리키는 '얼라'는 이제 모르는 사람이 없다시피 해서 친구들 사이에서 짓궂은 표현에 자주 이용된다.

대개의 언어들은 그 언어 사용 국가의 수도권의 변이형을 표준어로 삼는다. 수도의 언어가 가장 우수해서가 아니고, 몇 가지 편리한 장점을 가지고 있기 때문이다. 대개 수도는 정치와 문화의 중심지인 경우가 많아서 여러 방언들이 뒤섞여 '중화'되어 있다. 그리고 교육 수준이 상대적으로 높아 교육 언어의 기능을 수행하기 편하다. 수도권의 언어가 표준어의 지위에 올라선 경우는 예외 없이 '중앙집권적인 전통'을 가지고 있는 곳이라는 특징이 있다.

반면에 수도의 언어가 표준어로 되지 못한 경우도 있으니, 대표적으로 표준 독일어를 예로 들 수 있다. 표준 독일어는 수도인 베를린 지역의 언어를 바탕으로 삼고 있지 않다. 독일은 중앙집권적인 전통을 가지고 있지 않고 오랜 기간 분열을 겪어온 곳이다. 16세기 종교개혁 시기에 마르틴 루터가 베를린 남쪽에 위치한 자기 고향의 말인 동중부 방언을 이용하여 성서를 번역하였고, 이 언어가 표준 독일어의 기초가 되었다. 그 때문에 베를린의 말은 수도의 언어이면서 민망하게도 '베를린 방언'이라고 불렸다. 베를린은 당시 수많은 제후국으로 나뉘어 있던 독일의 여러 도시 가운데 하나일 뿐이었다. 베를린이 비로소 프로이센의 수도가 된 것은 1700년대 들어서였다. '마이센'이라는 고장의 관청어가 루터의 성서 번역에 이용됨으로써 사실상 독일의 언어를 대표하게 된 지 무려 200년 가까이 지난 다음이었다. 그러나 베를린은 워낙에 연극 공연이 활발하기로 유명했다. 베를린 시민들은 비록 표준어의 지위를 차지하지는 못했지만, 연극에서 베를린말이 사용되는 것에 큰 자부심을 가지고 있었다. 하지만 그 유명한 베를린 극단들도 결국은 20세기에 들어와 표준 독일어를 받아들이게 된다.

또 다른 예로 표준 이탈리아어를 들 수 있다. 이탈리아 역시 오랜 세월 작은 나라들로 나뉘어 있었다. 문화적인 발전은 수도에서 조금 벗어난 지역어인 토스카나어가 담당했었다. 토스카나 지방의 중심지가 바로 피렌체로, 곧 르네상스 운동이 융성했던 곳이다. 이 언어로 저술 활동을 한 보카치오와 페트라르카 같은 훌륭한 작가들의 공로에 힘입어, 로마의 언어가 아닌 토스카나의 방언이 표준어의 바탕이 되었다. 또 요즘은 경제 중심지로 크게 발전한 북부의 밀라노 방언의 위세가 날로 강해진다고 한다.

경우가 좀 다르긴 하지만 일본의 표준어도 한번 둘러볼 만하다. 일본어는 오랜 기간 교토를 중심으로 한 서부 방언이 표준어의 지위를 누렸으나, 수도를 동쪽의 도쿄로 옮긴 근세 후기 이후부터는 도쿄를 중심으로 한 동부 방언이 그 자리를 물려받았다.

그렇지만 아직도 옛날의 표준어라고 할 수 있는 교토의 서부 방언은 무척 우아하고 격조 높은 방언으로 알려져 있어서 단순한 지방 사투리로 다룰 수는 없는 말이다.

이와 같이 표준어가 무조건 수도의 언어인 것은 아니다. 표준어가 형성되어가던 근대화 시기에 어느 지역이 언어적으로 가장 중요한 기능을 했는가 하는 문제와 긴밀히 연계되어 있다. 오랜 동안 사회 공동체를 가장 효율적으로 통합하는 기능을 해온 언어, 그리고 해당 시대에 언어문화를 역사적으로 가장 잘 축적한 언어가 어느 것이냐에 달린 것이다. 어떤 방언이든지 그러한 발전의 가능성은 충분히 품고 있을 것이다.

이야기와
교훈

사람들은 살아가면서 얻은 중요한 교훈들을 혼자만 가지고 있지 않는다. 되도록 가까운 사람들과 공유하려고 한다. 그러면서 유용한 교훈은 널리 전파된다. 교훈을 공유하면 가치관을 공유할 가능성이 커진다. 가치관을 공유하면 공동체적인 관계를 강화하기에 유리하다. 공동체가 강해지면 그만큼 안정성이 커진다. 다시 말해서 풍부하고 좋은 교훈은 공동체를 강하고 안정되게 만드는 역할을 한다.

　가장 효율적으로 교훈을 전하는 방법은 교훈을 '이야기'로 만드는 것이다. 이야기는 삽시간에 다량으로 퍼질 수 있다. 좀 재미 있는 이야깃거리를 양념처럼 잘 버무려놓으면 정말 엄청나게 빨리 전파된다. 또 전파된 이야기들이 현지에서 끊임없이 재생산된다. 그렇게 되면 그 교훈이 주는 행동 양식은 안정적으로 해당 사회의 규범이 될 수 있다. 이렇게 해서 사람들은 자신이 속한 공동체를 여러 가지 이야기로 묶어냈다. 그러므로 생활공동체는 달리 말해서 이야기공동체라고도 할 수 있을 것이다.

교훈을 전하는 이야기는 아주 길고 긴 이야기부터 시작해서 짤막한 한마디 말에 이르기까지 다양한 모습을 가지고 있다. 길고 긴 이야기는 신화, 전설, 설화, 역사와 같은 방대한 이야기들이다. 평범한 사람들이 모두 다 외우기 힘들 정도로 장편화되어 있다. 좀 짧은 것이 속칭 옛날이야기들이다. 많은 우화와 민담들이 이에 속한다. 아주 짤막한 것으로는 유명한 명언이나 경구, 속담 등이 있다.

유용한 교훈은 공동체의 경계를 쉽게 넘어선다. 공동체의 경계를 넘어선다는 것은 그 교훈이 특정 공동체 내부의 이해관계에만 얽매이지 않는 보편성을 띠기 때문이다. 그렇기 때문에 잘 편집된 교훈집은 문화권과 세력권을 넘나들며 그 영향을 넓혀왔다. 중국의 고전에서 교훈들을 모아 펴낸 『명심보감』은 국경을 넘나들며 동아시아의 규범적 공통성을 강화해온 이야기이다. 다양한 문화권에서 자기들 나름대로의 윤리와 규범을 이야기로 만들어 우화집이나 교훈집을 전승해오고 있다.

많은 교훈들이 종교 문헌과 연계되어 있어서 여러 경전들의 내용이 해당 사회의 보편적 규범이나 교훈을 담고 있기도 하다. 대부분의 종교는 세속의 윤리에다가 종교적 색채를 입히는 일을 주저하지 않는다. 그뿐만 아니라 유명 인사들의 어록에도 갖가지 교훈이 들어가 있다. 풍부한 교훈, 매력 있는 교훈은 그 사람의 품격과 명망을 높이는 데 많은 기여를 한다.

시민사회가 발전하면서 교훈은 좀 쑥스러운 것이 되어간다. 특히 노골적이고 권위주의적인 교훈, 그리고 뻔한 단어들을 나열하는 식의 교훈은 이제 별로 인기가 없다. 오늘날에는 세련되고 풍부한 비유와 은유를 사용하여 그것이 교훈인지 문학인지 구별이 안 될 정도가 되어야 품격 있는 교훈으로 받아들여진다. 광화문 앞에서 볼 수 있는 거리의 글판은 교훈인지 시구인지 아니면 광고 문구인지 구별이 안 된다. 그만큼 잔소리조의 말은 싫어하고 스며드는 맛의 말을 더 선호하게 되었다.

일반인들이 별로 읽지 않는 「교수신문」이라는 것이 있다. 읽지 않을 뿐만 아니라 별로 들어본 일도 없을 것이다. 그러나 일년에 한 번, 이 신문이 많은 사람들의 관심을 끄는 중요한 행사가 하나 있는데 해마다 연말이 되면 '올해의 사자성어'를 뽑는 일이다. 일종의 '올해의 교훈'이라 할 수 있겠다. 2019년은 사회 갈등을 상징하는 '공명지조(共命之鳥, 머리가 둘인 새)'였다. 2018년은 짐은 무겁고 갈 길은 멀다는 '임중도원(任重道遠)'이었다. 2017년에는 '파사현정(破邪顯正)', 곧 옳지 못한 것을 부수고 올바른 것을 드러낸다는 뜻의 사자성어를 선정했고, 2016년은 군주가 배이고 백성은 물이라는 뜻의 '군주민수(君舟民水)'를 뽑았다. 시사성이 매우 강한 성어들이다. 한때는 새해 벽두에 정치인들이 그럴듯한 사자성어를 손수 붓글씨로 적어 지지자들한테 주기도 했다. 그러나 현실 정치가 그리 고전적이 못 되어서 그런지 요즘은 그런 소식을 듣기 어려워졌다.

중국의 사자성어들을 보면 옛날 옛적 성인이나 유명 인사들이 이런저런 말씀을 하셨다는 고사를 품고 있다. 이렇게 오래전에 남겨진 명언들은 세월이 지나가도 대부분 그 의미가 퇴색하지 않는다. 종종 '맹모삼천지교'와 같은 말이 극성 학부모의 원형처럼 비꼼의 대상이 되기도 하지만, 그 이야기의 앞뒤 맥락과 교육적 취지는 지금도 고개가 끄덕여지는 면이 있다.

그런데 다시 우리 사회와 역사를 들여다보면 아쉬움을 느끼지 않을 수 없다. 한국인이 남긴 명언이라고 꼽을 만한 것이 눈에 띄지 않기 때문이다. 거의 대부분 중국의 고사성어를 활용하며 지내온 것으로 보인다. 뚜렷한 저작권이 보이는 경우가 최영 장군 아버지의 유언이라고 알려진 "황금 보기를 돌같이 하라"는 경구 정도일 것이다.

우리의 전통 언어문화를 둘러보면 교훈이 되는 말은 보잘것 없는 수준이다. 언어적 교양과 교훈을 전해주는 성어는 주로 중국에서 가져다 썼고, 서민 대중들은 눈치껏 양반들의 고사성어를 흉내 내든지 아니면 자신들끼리 세상을 구르며 익힌 속담들을 이용했을 것이다. 결국 사회의 상층부는 중국식 교훈으로 교육을 받았으며, 하층부 사람들은 근근이 삶을 이어가며 주위들은 속담이나 상말로 교훈도 삼고 세상을 비꼬기도 하며 살았을 것이다. 서민들은 중국식 교양의 영향을 덜 받은 덕분에 속담을 풍부하게 이용했다. 그 내용은 주로 직관적인 비유가 흘러넘치고 재치와 해학이 매우 번뜩이기도 했지만 다른 한편으로는 조롱과 체념, 허무주의적인 불성실성도 엿보인다. 또 요즘의 윤리 감각을 가지고 평한다면 여성, 장애인, 스님이나 무당 같은 특정 종교 관계자 등을 모욕하는 표현이 넘쳐나서 현대 시민사회의 눈높이에 맞추기 어려운 점이 한둘이 아니다.

속담이 교훈과 교양을 퍼뜨리는 중요한 수단인 만큼 서로 긍정적으로 공유를 하려면 어느 정도 속담들을 걸러내는 작업, 달리 말해 속담 순화 작업을 거쳐야 하지 않을까 한다. 속담에 나오는 지나치게 직설적이고 '상스러운 교훈'들을 언어적으로, 윤리적으로 잘 다듬어 쓰면 현대사회의 덕목에도 적절히 응용 가능한, 풍부한 현대적 교훈을 많이 정리할 수 있을 것이다.

인사말에도
요령이 필요하다

사람이 늘 하는 행동 가운데서 참으로 특이한 것이 있는데 바로
'인사'를 하는 것이다. 우리는 날마다 직장이나 학교 같은 곳에서
정기적으로 만나는 사람한테 빠짐없이 인사를 하면서도, 이렇게
매일 꼬박꼬박 만날 때마다 반드시 인사를 해야 하는가 하는 의문
을 품지 않는다. 더구나 같은 공간에서 공부하거나 일을 할 때는
하루에도 몇 번씩 마주치는 일이 있다. 그럴 경우에는 정말로 좀
인사를 생략하고 싶다는 생각이 들지 않는가? 이건 종종 스치는
생각일 뿐 실제로 그런 짓을 한다는 것은 감히 꿈도 꾸지 못할 것
이다.

아무리 자주 만나도, 정기적으로 만나도, 만나서 하는 말이 뻔하기만 해도, 인사는 생략되지 않는다. 하루에도 여러 번 만나는 사이라면 마주칠 때마다 최소한 멋쩍은 표정이라도 짓는 게 인사이다. 생략은 안 된다. 인사하기가 어려운 상황일 때, 예를 들어 급한 일로 휴대전화를 받고 있다고 치자. 가벼운 미소라든지 아니면 손가락 끝을 살짝이라도 흔들어 최소한의 인사하는 티를 드러내는 게 좋다. 상황이 어려우니까 어쩔 수 없이 생략한다? 아마도 그 두 사람의 관계는 회복하기 어렵게 어색해질 것이다.

혹시 정녕 곤란한 일이 있어서 인사를 생략했을 경우는 얼른 사정을 말하고 사과를 하는 게 정상이다. 상대방이 윗사람이든 가까운 동료이든, 아니면 겨우 이름 석 자만 알았을 뿐이라도 피할 수 없다. 자주 만나든지 혹은 어쩌다가 만나든지 간에 만날 때마다 생략할 수 없는 것이 인사라고 생각해야 한다. 때로는 정중하게 고개 숙일 수도 있고, 때로는 반가움을 화려한 언변으로 표하면서 살갑게 정을 드러내기도 하며, 아니면 그냥 어깨를 툭 치든지, 어떤 방법으로라도 우리는 '서로 우호적인 사이'라는 것을 반드시 드러낸다.

인사를 하면서 곁들이는 말을 인사말이라고 한다. 인사말은 꼭 필수적인 것은 아니다. 그렇지만 매우 중요한 구실을 한다. 인사말은 지나쳐 가면서 가볍게 건네거나 아니면 진지한 이야기에 들어가기 전에 분위기를 안정시키기 위해 서론적으로 사용하는 경우가 많다. 그렇기 때문에 너무 무겁게 하지 않는 것이 현명하다. 인사말은 어디까지나 '인사'를 위한 것이지, 무슨 중요한 정보를 전달하거나, 깊은 심중의 뜻을 전하는 일이 아니다. 그저 인사를 성취하기만 하면 되는 실용적인 말일 뿐이다.

모든 '물음과 답변'의 구조가 그렇듯이, 인사말에서도 먼저 건네는 인사말의 구조가 답변으로 나오는 인사말의 형식을 규정한다. 곧 먼저 건넨 인사말의 내용이나 주제에서 답변이 벗어나기가 힘들다는 말이다. 먼저 건강에 대한 인사말이 나오면 답변 역시 건강 문제를 언급하며 이어진다. 건강을 묻는 말로 인사를 하는데 꽃이 아름답다고 할 수는 없는 일이다. 다시 말해서 먼저 건네는 인사말이 그 이후의 대화를 규정하므로, 그 첫 번째 발화가 퍽 중요하다.

인사말을 건넬 때는 부정적이거나 복잡한 일에 얽힌 표현은 피하는 것이 좋다. 그러한 답변이 예상되는 인사말도 피하는 것이 낫다. 부정적인 말이 튀어나오면 가볍게 지나갈 수 없게 되거나 심각한 이야기로 깊숙이 빨려 들어가는 상황에 이르기 때문이다. 예를 들어 건강이 어떠냐는 인사에는 대충 괜찮다고 말하면 그만인데, 시시콜콜 불편한 부분을 늘어놓으면 인사가 아닌 '논의'가 된다. 가족 모두 안녕하시냐는 질문 투의 인사에는 덕분에 모두 평안하다고 말하면 그만이다. 이런 경우에 그 정보의 진위 여부는 인사에 중요한 요소가 아니다. 인사라고 하는 것은 서로 우호적인 관계를 만들거나 유지하는 데에 더 큰 목표가 있다.

상대방이 애들 학교 잘 다니냐고 말을 건네면 그냥 잘 다닌다고 하면 별 일이 없을 텐데, 눈치 없이 요즘 성적이 시원치 못하다는 둥 하면 먼저 인사말을 던진 사람이 아무 언급을 하지 않고 그냥 넘어가기가 거북하다. 간단히 인사만 하고 지나쳐 가려고 했다가 말이 길어진다. 물론 이런 기회에 좀 더 친숙하게 깊은 이야기를 나누는 사람이 생기는 것도 나쁜 일은 아니다. 단지 대인 관계를 절제하기를 원하는 사람한테는 번거로운 일이 될 수 있다는 말이다.

인사말을 나눌 때 가장 편한 인사 소재는 역시 '날씨'이다. 그날의 날씨로 말문을 열면 거의 부정적 표현을 피할 수 있다. 나에게 추우면 상대방도 춥고 나한테 더우면 상대방도 마찬가지이기 때문이다. "너무 추워졌어요"라고 날씨에 대해 짤막하게 언급하고 "네, 그러네요" 하며 긍정적인 응답이 나오면서 '인사'가 이루어지고 건강 조심하라는 말과 함께 가던 길을 계속 갈 수 있는 동작의 마디가 생긴다. 상대방의 근황을 잘 몰라도 건넬 수 있는 좋은 인사말이 된다. 날씨와 아예 무관하게 살아가는 사람은 없다.

얼마 전엔가 미국과 북한 사이에 긴장 완화의 낌새가 보일락 말락 하던 시기에 미국의 국무장관이 북한 쪽에다가 "날씨 이야기라도 좋다"고 언급한 말은 바로 그런 점에서 적절한 실마리가 되었다고 볼 수 있다. 만나서 미사일 이야기부터 하자고 하면 보나 마나 이런저런 문제로 꼬이기 십상일 것이다. 대개의 인사는 이런저런 개인사나 주변적인 일이나 날씨 같은 것에서 시작해서 본론으로 들어가기 마련이다. 날씨가 춥든지 덥든지 우리를 둘러싼 여러 환경적 조건은 지혜로운 사람들에게는 또 다른 기회를 열어줄 수도 있을 것이다.

잡담의
가치

사람들이 모이면 처음에는 좀 조용하다가 점점 웅성거리고 수군거리게 된다. 자연히 목소리를 점점 더 높이게 되고 시끄러워진다. 이렇다 할 의미도 없어 보인다. 그래서 잡스럽다 하여 잡담이라는 명칭을 얻었다. 그러나 이것이 수행하는 언어적 기능을 살펴보면 결코 잡스럽다고 할 수 없는 중요한 기능을 하고 있다는 것을 발견하게 된다.

사람들이 웅성거리는 것은 대개 기초 정보를 수집하고 교환하는 과정이다. 지금의 상황이 어찌 되는지, 어떻게 대처해야 손해 보지 않고 좋은 기회를 놓치지 않을지 등을 캐내려고 언어라는 더듬이로 확인하는 중이다. 그래서 누군가가 중요한 이야기를 하는 것 같으면 귀를 쫑긋하고 듣게 되며 질문도 퍼붓고 자기 나름대로의 의견도 거침없이 말하는 중이다. 대체로 질서가 없고 아무나 대화를 이끌어간다. 아마도 그렇기 때문에 잡스럽다는 느낌을 주는가 보다. 진지한 말을 하다가 갑자기 농담이 터져 나오고 느닷없이 웃음보를 터뜨리는 일도 생긴다.

아는 사람들이 모이면 금방 노닥거린다. 안부를 묻다가 갑자기 건강 이야기를 하고, 최근에 불운을 당한 친구 이야기로 옮겨갔다가 자식 자랑도 한다. 화제도 이렇게 자유롭다. 주제의 일관성은 생각할 필요가 없다. 이런 이야기 하다가 쉽게 저런 이야기로 돌변하기도 한다. 그런데도 이야기하는 사람들은 전혀 부담스러워하거나 짜증스러워하지 않는다. 이것도 잡담이라고 한다. 그러나 이 과정도 그리 무의미하지는 않다. 우리는 모두 서로의 감성을 공유하는 작업을 하고 있는 것이다.

친한 사람들일수록 잡담을 많이 한다. 이렇다 할 결론도 없고, 뚜렷한 주제도 없었으면서도 오랜 시간 노닥거리고 나서는 매우 흡족해한다. 나중에 또 보자고 헤어지고, 또 만나면 역시 그저 그런 잡담을 한다. 그만큼 잡담을 통한 감성의 교류는 사람들을 무척 만족스럽게 만든다. 그것은 잡담이 참여자들에게 유대감을 선사하기 때문이다. 잡담을 하고 나서 느끼는 뿌듯함은 정보 공유의 성취와 재확인된 유대감이 남긴 마음의 흔적이다.

그러나 잡담은 유효기간이 그리 길지 않다. 그 내용 자체가 대부분 유동적이거나 가능성을 열어둔 것이거나 희망 사항이 뒤섞인 현실의 일부이기 때문이다. 그래서 자주 재점검 받고 재해석하고 재수정을 해야 한다. 그래서 가까운 관계라 해도 자주 이야기를 나누지 않으면 공유하는 정보의 유효기간과 공감하는 감성이 그리 오래가지는 않는다. 그러다 보니 잡담은 자꾸만 잦아지고, 시간 낭비로 오해받기도 쉽다.

잡담은 사람들 사이에서 접착제 역할을 한다. 길에서 버려진 종이 상자를 주워 재활용하듯이 그 웅성거림에 파묻힌 언어 파편 속에서도 유용한 정보를 캐내야 한다. 그렇기 때문에 사람들은 다량의 잡담을 생산하고 소모한다. 그렇게 해야 유용한 정보를 걸러낼 수 있기 때문이다. 만일 유용한 정보가 별로 없었다면? 그래도 손해는 아니다. 아기자기하게 주고받는 잡담 속에서 심리적인 공감대라는 것을 경험했기 때문이다. 그 공감대가 쌓이고 쌓여 유대감과 연대 의식으로 이어지고, 커다란 사회적 자산이 되기도 한다. 그러니 어찌 잡담을 감히 잡스럽다 할 것인가?

이처럼 잡담은 얼핏 보기에는 무가치한 언어 활동 같지만, 공동체의 유대 의식을 형성하는 데에는 더없이 유용한 수단이다. 지금의 우리 언어가 형성되기까지 헤아릴 수 없이 많은 사람들이 잡담으로 그 기초 공사를 한 셈이다. 잡담은 모든 언어의 주춧돌이다.

잡담을 많이 즐기는 사람들은 어찌 보면 정보에서 소외된 사람인 경우가 많다. 정보에서 소외되면 사회적인 이익 분배에서도 소외되기 쉽다. 그래서 종종 잡담에 시간을 소비하는 것이 찜찜하다는 생각이 들면서도 그 동아리를 쉽게 떠나지 못하는 것이다. 또 다른 사람들이 있다. 충분한 정보를 가지고 있고 온갖 예민한 정보에 접근할 수 있는 권리를 가졌을 뿐만 아니라, 그 과정에서 생기는 여러 부작용에 대해 법적인 보호를 받는 사람들이다. 그들은 별로 잡담을 즐기지 않는 편이다. 아니 굳이 잡담을 즐길 필요가 없다. 자신의 전문 지식이나 주식 동향, 권력의 향배나 그 추이 등을 조용히 입 다물고 추적만 하면 된다. 그리고 그러한 흐름의 소산이 누구에게 흘러들어갈 것인가를 추론하는 것이 더 중요하다. 그런 사람들은 굳이 시끄러운 군상들과 정보를 공유할 생각을 하지 않는다. 정제되지 않은 정보가 뒤섞이는 것이 무척 귀찮기 때문이다.

　　한 집단을 통제하고 인솔할 때 구성원들이 웅성거리면 통솔이 무척 힘들다. 그래서 통솔자들은 대개 조용히 하라고 지시하거나 권한다. 그냥 내버려두면 불평과 저항으로 돌변할 수도 있다. 어린 시절 선생님들이 학생들이 웅성거리던 것을 매우 싫어하셨던 일이 이제야 뒤늦게 이해되기도 한다. 군대 생활에서도 그랬다. 성격 까다로운 상급자들은 하급자들이 조용하기만을 바랐다. 이제 다시 보니 잡담은 명령과 지시에 대한 '이의 제기' 기능도 하기 때문이었다. 아무리 봐도 잡담은 결코 잡스럽지 않다. 권력과 영향력의 방향을 바꿀 수 있는 중요한 가늠자이기도 하다.

이름 짓는 것의
의미

사람에겐 매우 다양한 이름이 있다. 가장 대표적인 이름이 우리가 보통 '본명'이라고 부르는 것, 가장 흔한 이름이다. 일반적으로 공식 행정에서 다루는 이름을 말한다. 옛날에는 본명이란 개념과 함께 어린 시절 이름인 아명, 관례를 치르고 받는 이름인 관명, 또 자(字)라고 하여 편하게 부르는 이름도 있었다. 요즘의 이름은 그리 복잡한 형식은 취하지 않고 본명을 여기저기 그대로 사용한다. 그러다가 성인이 되면 아호라는 것을 쓰기도 한다. 아호는 사람들이 편하게 부르도록 하기 위한 이름이지만 보통 사회 유력자들이나 호사가, 지식인들이 즐기는 이름이기도 하다. 또 이름을 지을 때

형제 사이에 '항렬'이라는 공통된 음절을 사용하여 서로의 친족 관계를 더욱 선명하게 드러내기도 한다. 그러고 보면 이름이라는 것도 결국은 해당 사회의 가족 제도나 정치 구조의 영향 아래에서 문화적 특징을 형성해나간다고 볼 수 있겠다.

그 외에도 작가들은 필명을, 예술가들과 연예인들은 예명을, 그리고 최근에는 인터넷 활동을 하는 사람들의 아이디에 이르기까지 여러 가지 이름을 가지고 산다. 또 요즘 젊은 부부들 가운데는 임신했을 때 태아에게 귀여운 이름을 지어 태명으로 삼고 아기의 건강과 미래를 꿈꾸는 표현을 하는 데 쓰기도 한다. 생활 주변의 이런저런 이름 가운데 가장 흔한 것이 본명과 별명이다. 아마 어린 시절에 별명 없이 살아본 사람은 드물 것이다. 나머지는 사람에 따라 있을 수도 있고 없을 수도 있다.

공식적인 이름으로도 사용되는 본명은 명명자가 보통 부모이다. 그렇기 때문에 그 이름에는 당사자의 관심사가 담기는 것이 아니라 부모의 욕망 혹은 혈연집단의 전통이 영향을 미친다. 이처럼 집안 어른들의 꿈이 담기게 되다 보니, 어느 정도 과장되고 거창한 이름이 생기게 마련이다. 그래서 어리석은 사람인데도 이름에 현명할 현(賢) 자가, 천하의 겁쟁이 이름에 용감할 용(勇) 자가 들어가 있는 경우도 있다.

　이와는 반대로 짓궂은 친구들이 지어주게 마련인 별명은 현실을 적나라하게 드러내면서 본인의 특징을 여지없이 보여준다. 그래서 사람의 별명을 보면 그의 됨됨이를 눈치챌 수 있다. 종종 '구두쇠'나 '대쪽', '책버러지' 같은 별명은 해석하기에 따라 칭찬 못지않은 자랑스러운 별명이 되기도 한다. 그러나 대부분의 별명은 당사자의 용모나 성격의 특이한 점을 콕 집어 입에 담기 거북하게 만든 경우가 대부분이다.

　친구들만이 별명의 창작자가 되는 것은 아니다. 학교 선생님들이나 회사의 상급자들 가운데에는 학생이나 하급자들에게 별명을 얻는 경우가 흔하다. 말할 필요도 없이 이 경우의 별명은 은밀히 유통되기만 할 뿐 감히 당사자 앞에서 불리지는 않는다. 흥미로운 것은 선생님들에게 붙이는 별명은 초등학교와 대학에서는 듣기 어렵다는 점이다. 초등학생은 선생님을 어려워하기 때문에 감히 별명 붙일 생각을 못 하는 것 같고, 대학생들은 교수들한테 인간적인 관심이 별로 없기 때문일 것이다. 그러나 사춘기 학생들을 가르치는 중고등학교 선생님들은 대개 짓궂은 별명을 얻는다. 사제 관계가 가장 끈끈한 시절이기도 하고, 어른들 세계를 가장 동경하면서 심리적인 갈등을 크게 느끼는 시절이기 때문일 것이다. 엄격한 선생님은 그 엄격함 때문에, 다정한 선생님은 그 다정함 때문에 별명이 생긴다.

사실 옛날에는 더욱 다양한 형태의 이름들이 있었다. 이순신 장군처럼 '충무공'이라는 '시호'도 있었고, '세종'이라고 하는 '묘호'도 있었으며 '영릉'이라고 하는 '능호'도 있었다. '사임당'이라고 하는 '당호'도 있었다. 이렇게도 많은 이름을 사용한 까닭은 사람의 이름을 대놓고 부르면 바람직하지 않다고 보는 인습에서 비롯했다고 한다.

그래서인지 우리 사회에 옛날부터 내려오는 각종 이야기들, 곧 전설이나 민담에는 등장인물의 이름이 없는 경우가 퍽 많다. 대개 "옛날 옛적 어느 고을에 착한 효자가 살았는데…" 하는 식으로 이름 없는 등장인물이 나타난다. 심청이처럼 제대로 성명을 갖추거나 콩쥐랑 팥쥐, 놀부와 흥부처럼 형제임을 드러내는 이름 같은 것은 무척 드문 경우들이다. 대개는 착한 효자나 효녀, 아니면 신체 건장한 사내 등처럼 '익명화'된 인물이 흔하다. 서양의 경우를 보면 이야기 속 등장인물만이 아니라 온갖 목숨 달린 것들과 사물에까지 참으로 부지런히 이름을 붙인다. 가축에게도, 집안에

장식해놓은 인형에게도, 심지어는 정원에 심은 나무한테도 이름을 짓곤 한다. 또 원시 인류의 미라한테도, 아니 몇 개의 뼛조각만 남아 있는 원생 인류의 잔해에까지 이름을 붙였다.

이름을 지어주었다는 것은 그것을 '대상화'한다는 뜻이다. 자신을 주체로 하여 이름 지은 모든 사물을 (언어로) 호출할 수 있는 체계를 갖춘 것이다. 그런 점에서 본다면 이름을 짓고 이름을 부르는 것은 주위 환경을 이해해나가고 자신의 인지 세계에 포착해두는 행위이기도 하다. 이름 없는 사물을 주변에 두고 있다는 것은 이름 모르는 친구와 아직 통성명을 하지 않은 상태라고 비유할 수 있겠다.

이름은 특정 사물들을 자유로이 언어 맥락에 불러들일 수 있는 통로이자 수단이기도 하다. 또 사람이 자신을 둘러싼 환경과 조건을 인지하고 적극적으로 그것들을 호출할 수 있는 방식을 마련해두는 것과 다름없다. 주변 환경과 조건에 명명을 해둔 사람과 그러지 못한 사람이 있다고 하자. 이 둘은 주위의 변화에 대응하거나 자신이 필요한 방향으로 가꾸어내는 능동성에서 다를 수밖에 없다. 자식을 낳았을 때 그냥 '막내'라고 부르면 그 아이의 고유한 본성이나 특성을 인지하기 어렵다. 수많은 막내 중의 하나일 뿐이다. 반면에 철수니 영이니 하는 이름을 붙이면 그 이름이 가리키는 객관적 실체의 고유한 의미를 머리에 떠올리게 된다.

우리가 세상을 인지하고 받아들이는 것은 모든 대상을 개별화하고, 그 모든 개별 실체들의 고유한 성격을 파악해 우리의 삶을 더욱 편하고 풍요롭게 하려는 것이 아닐까? 그러기 위해서는 자신에게 의미 있게 다가오는 모든 것에 대해 이름을 알아보고, 이름을 지어주는 일이 퍽 중요하다. 나와 어떤 사물의 만남은 결코 우연이 아닐 수가 있기 때문이다. 인류가 태초에 언어를 발명하고 나서 그다음의 발명은 아마 이름이 아니었을까 한다.

동의
하십니까?

말의 뜻은 어디에서 나올까? 대부분 어휘에서 나온다고 생각할
것이다. 한 단어 한 단어가 모두 모이면 한 문장의 뜻이 만들어지
고, 또 한 문장 한 문장이 모이면 큰 줄거리의 이야기가 만들어지
고 그 의미가 해석된다고들 생각하기 쉽다. 그러나 이것만으로는
충분한 대답이 못된다. 억양으로 뉘앙스가 달라지고 손짓과 표정
으로 강조점이 달라진다. 그리고 더욱 더 중요한 것은 맥락이다.
맥락은 말과 행동을 함께 볼 수 있게 해준다. 그래서 문장의 의미
만이 아니라 말하는 사람의 '의도'까지 알아낼 수 있는 결정적인
증거물이 되기도 한다.

말 중에 어떤 것은 희한하게 발설만 해도 하나의 행위가 이루어지기도 한다. "약속할게"라고 말하는 순간 그 약속이 유효해진다. "경고한다"는 말이 발설되는 순간 그 경고가 유효해진다. 언어가 가지고 있는 행동의 집행력을 보여주는 사례이다.

또 다른 예를 들어보자. 어떤 행동들은 남이 먼저 수행한 행위가 전제되어야 하는 경우가 있다. 가령 무언가에 대해서 '반대하는 행동'은 누군가가 선행하는 어떤 행동을 했을 때에야 가능하다. 곧 '반대'는 누군가의 '의견'이 있어야만 할 수 있는 행위라는 것이다. 마찬가지로 '동의한다'는 행위 역시 상대방의 '의견'이나 '제의'가 앞서야 한다. 그러지 않으면 뚱딴지같은 말이 된다.

컴퓨터나 인터넷의 각종 이용 도구를 처음 사용할 때는 약정문을 읽고 '동의 여부'를 표시하도록 되어 있다. 특히 사용자의 개인 정보를 자신들이 좀 이용해도 괜찮으냐고 묻는 경우가 많다. 선뜻 동의해주기에는 좀 떨떠름하다. 어떤 경우에 이용하려 하는지, 잘못 이용했을 때 어떤 조치가 가능한지를 좀 알았으면 좋겠는데 그 약정문의 길이가 엄청나고 글자 크기는 깨알 수준이어서 일일이 읽어가며 태도를 정할 수가 없다. 또 주어진 서류 양식 기준에 따르다 보면 그 약정문에 동의를 아니 할 재간도 없다. 찜찜

하지만 결국은 '동의함'을 선택하게 된다.

　앞서 말한 맥락의 법칙을 따른다면, 이러한 동의 역시 그 상품 제공자의 의견이나 제안이 있어야 맥락이 제대로 성립한다. 그 제안에는 당연히 자신들의 이용권에 상응하는 혜택이나 각종 이익 조건이 따라야 할 것이다. 그러나 인터넷 이용 도구나 상품의 약정에서는 제공자의 요구와 일방적인 개념 정의만 있을 뿐, 이용권에 대응하여 자신들의 책임이나 의무를 명시한 내용은 찾아보기 어렵다. 아니, 보기 어렵게 잘 은폐되어 있는 것 같다. 그런 것이 없는 동의는 사실상 '동의함'이라고 쓰고 '승복함'이라고 읽는 것에 지나지 않는다.

　시장에서 상가 건물의 인기가 떨어지고 있단다. 온라인 쇼핑이 양적으로 급격히 발전하고 있기 때문이라는데, 시장이나 가게라고 하면 떠오르던 재래시장이나 구멍가게의 모습은 점점 지나간 시대의 잔영이 되어가고 있다. 시장과 가게는 점점, 아니 급격하게 '추상적인 존재'가 되어가고 있는 것이다. 상점에 가서 주인이나 점원을 만나 흥정을 하거나 상품에 대해 이것저것 물어보는 것이 아니라, 모니터를 들여다보며 물건을 고르고 결제를 할 뿐이다. 돈도 종이의 질감이 있는 '화폐'가 사용되는 것이 아니라 그냥 숫자만 오간다. 우리에게 닥친 시대의 모습이다.

이제는 생산자와 판매자가 시장을 지배하고 있고 소비자의 모습이 눈에 잘 띄지 않는다. 소비자들은 우물우물 뒤로 물러서며 기계 장치와 이용 도구 익히는 데 급급하다. 곧 소비자가 자꾸 패배해 들어가는 것이 아닌가 하는 의구심이 든다. 분명히 한때는 소비자가 왕이라고 했는데 어느새 '호갱'이란 말이 널리 퍼졌다. 너무 피동적 소비자가 되어버린 모양이다.

다시 한번 소비자 주권을 생각해보자. 근대사회의 시민은 소비의 권리를 유효적절히 이용함으로써 주력 계급이 되지 않았던가? 우리는 각종 상품과 서비스를 우리의 노동의 대가를 치르면서 소비하고 있다. 이제는 각종 규약이나 약정의 문장 자체가 '소비자의 맥락'으로 다시 쓰여야 한다.

시장은 상품 제공자들만의 힘으로 유지되지 않는다. 상품 제공자와 소비자의 균형 잡힌 상호 행위가 이루어지도록 해야 한다. 소비자의 관심사와 이해관계를 선명하게 제시하는 맥락에서 동의를 얻든지 조건을 달든지 해야 할 것이다. 시대가 달라지면 언어의 기능도 변한다. 새 시대를 강하게 추동할지 질질 끌려갈지, 언어 사용자들에게 주어진 마지막 기회들이 아닐까 한다.

사과에 담긴
미래 지향성

아무리 잘못을 뉘우치고 있더라도 누군가의 면전에서 "제가 잘못했습니다"라고 툭 털어놓고 말하기는 그리 쉬운 일이 아니다. 보통 잘못을 저질렀다고 말할 수 있는 것은 공동의 규칙이나 약속, 공통의 대의나 전통, 그리고 인습, 도덕적이라고 생각되는 요소를 어겼음을 확인하는 과정이다. 그리고 잘못이 있었으면 배상에 대한 책임도 요구받게 된다. 그런데 그 배상을 재물이나 신체 구속이 아닌 '말'로 할 수도 있다. 그런 점에서 사과하는 말을 할 수 있다는 것은 재물 변상이나 신체 구속을 면하거나 감량할 수 있는 매우 좋은 기회인 셈이다.

일단 잘못을 저지르고 나면 주변에서 문책이 일어나는 것이 자연스럽다. 이 문책은 공동의 행동 기준을 근거로 타박을 하는 것이기에 마찬가지의 근거를 가지고 응대해야 한다. 자신을 문책하는 이에게 대응할 수 있는 행동은 잘해야 서너 가지 정도이다. 하나는 사과하는 일이다. 다른 하나는 변명하는 일이다. 세 번째로는 역공하는 길이 있다. 굳이 네 번째로는 뭐가 없냐고 묻는다면, 별로 권하고 싶지는 않지만 '판을 깨는 것' 하나가 남았다고 할 수 있다.

사과는 자존심 상하는 일임에 틀림없다. 그러나 매우 유용한 면도 있다. 사과를 확실하게 한다면 피해자에게서 '면소'를 받을 수도 있다. 면소를 받으면 일단 무척 자유로워진다. 반면에 사과가 아닌 변명을 택한다면 애초의 잘못에다가 변명의 죄까지 함께 계산이 될 수 있다. 당신은 옛날에 더한 짓도 하지 않았냐고 역공을 하면 재역공의 빌미가 된다.

그러니 잘못이 있으면 분명히 사과를 해두는 것이 도덕적일 뿐만 아니라 유리하기도 하다. 좀 더 적극적으로 해석한다면, 사과를 한다는 것은 잘못을 저지름과 상대의 문책을 통해 손상된 자기 정당성을 말하기를 통해 회복하는 일이다. 만약 사과하는 사람이 자기가 잘했다는 말인지 잘못했다는 말인지 모를 소리를 하고, 이리저리 둘러대거나 남의 말 하듯이 한다면 자기 정당성을 회복할 수 있는 좋은 기회를 놓치는 셈이다. 참된 사과의 표현은 뉘우치는 자에게는 잘못을 면소받을 수 있는 기회를 주고, 사회윤리 척도를 재확인하면서 서로의 유대 관계를 회복시킨다. 또 공동체 의식을 높이는 데 매우 유용하다.

종종 이런저런 큰 사건이 터졌을 때 관계된 책임자 혹은 공직자들의 사과를 요구하는 것은 그들을 공연히 망신 주자는 것이 아니다. 이왕 터진 사건을 마무리하는 기회에 사회윤리의 기준과 내부적인 유대 관계를 강화하는 기능을 한다.

국제 관계도 마찬가지다. 지난날의 어두웠던 부분을 드러내고 제대로 된 사과를 한다는 것은 다시는 잘못을 반복하지 않고 새로운 시대를 만들 수 있는 좋은 기회이기도 하다. 20세기의 양차 대전은 참혹한 비극이었던 만큼 그 시기에 각자가 무엇을 했는지를 잘 새겨두고 제대로 평가해야 한다. 그것은 남을 지배했던 자들이나 지배당했던 자들 모두의 미래를 결정하는 중요한 공동 행위이다.

종종 전쟁 이후의 반성하는 태도를 놓고 독일과 일본을 비교

하곤 한다. 독일이 나치 통치 기간 중에 유대인과 집시 등에게 저지른 잔인한 공격 행위는 상상을 넘어서는 것이었고, 소련 공격 중에 민간에 대해서도 끔찍한 잔혹 행위를 하였다. 그러나 전쟁 이후 그들은 참으로 오랜 시간을 두고 꾸준히 사과와 배상을 해왔다. 그러면서 유럽인들의 인권과 평화에 대한 인식 수준을 높이는 효과를 얻었고, 더는 나치와 현존하는 독일을 동일시하지 않는 성과도 얻었다.

반면에 지나치게 반성과 배상을 피하고 아껴왔던 일본의 경우는 아직도 그들의 과거와 현재를 동일한 시각으로 바라보고 의심을 거두지 않아 더 고달픈 지경에 처해 있다. 그렇기 때문에 우리는 그저 그런 이익 다툼이 아니라, 아시아 지역 공동의 '정의에 대한 기준'을 높이자는 취지에서 그들의 사과를 제대로 받아내야 한다. 몇 푼의 돈을 더 받는 것만이 최종 목표가 아니라, 그 배상을 통해 우리는 개별 민족, 민간인 한 사람 한 사람 모두 얼마나 고귀하게 대우받아야 하는지를 제도화시키는 첫걸음으로 삼아야 한다는 말이다.

이러한 공동의 윤리관과 행동 기준을 높이기 위해서도 사과를 할 때나 받을 때 아주 철저히 하는 것이 좋다. 그래야 재론의 여지가 없다. 자존심 살린다고 일부러 사과를 엉성하게 하거나 희화 화해버리면 훗날 똑같은 짓을 되풀이할 수도 있다는 의심을 받게 마련이다. 말을 바르게 하라는 것은 틀리지 않게 하라는 뜻도 있 지만 옳은 태도로 말하라는 뜻도 있다.

사과를 받는 사람의 태도도 중요하다. 우물우물 넘어가는 사 과를 대수롭지 않다는 듯이 받아들이고 지나가버린다면 그것 역 시 문제다. 그것은 자존심이 없는 행위인 동시에, 책임 회피에 동 조하거나 그들과 공생하는 행위이기 때문이다.

치욕의
언어

2015년 12월 28일, 당시 박근혜 정부와 일본 정부 사이에 일본군 '위안부' 피해자에 대한 합의가 이루어졌다. 언론을 통해 드러난 내용으로는 일본 정부가 10억 엔의 지원 기금을 제공하고, 한국 정부가 이를 '최종 해결'로 받아들인 것 같다. 그리고 주장이 엇갈리고는 있지만 '위안부' 피해자를 상징하는 소녀상을 이전하는 조건이 붙었다는 설왕설래가 있다. 무언가 이상하다. 이 '합의'에서는 피해자들에 대한 인격적 배려가 전혀 느껴지지 않는다.

언어는 늘 일정한 맥락 속에서 움직인다. 그리고 그에 걸맞은 말투와 표정, 적절한 수사법이 뒤따라야 한다. 이 일에 도덕적인 책임을 표한다고 했으면 당연히 책임의 소재를 명확히 하고, 피해자에게 어떠한 '갚음'을 행할 것인지를 언급해야 할 것이다. 만일 피해자의 의견을 묻지 않은 상태에 지나지 않는다면 이것은 아직 '결정된 의안'이라고 볼 수 없다. 쟁점이 살아 있는 '안건'에 지나지 않는다.

그런데 수상쩍게도 10억 엔으로 해결되었다는 둥, 최종적이고도 불가역적이라는 둥 하는 것은 애당초 도덕적으로 문제를 해결한다기보다는 돈 몇 푼으로 "이거나 먹고 떨어져라" 하고 모욕을 하는 행위에 가깝다. 마치 무슨 사건 브로커들끼리의 합의서 같은 느낌이다. 이 모든 일의 출발점이 되는 '역사적 그 사건'에 대해 아무런 깨달음이나 깨우침 같은 것을 찾아볼 수 없는 행태이다. 문제를 이렇게 해결할 수는 없다.

식민지 지배와 세계대전은 참혹한 상처를 역사에 남겼다. 이런 가운데 발생한 인권에 대한 재인식 혹은 전쟁 행위에 대한 문제의식은 '인간의 가치'를 깊이 되돌아보게 만들었다. 프랑스대혁명은 비록 그 과정에 무도하고 잔인한 사건들이 엉겨 있었으나 결과적으로는 모든 인간이 평등하다는 선언을 이끌어냈다. 그 후에는 인간의 가치를 무시하거나 인권을 억압하는 행위는 정당성을 인정받기 어려워졌다. 러시아혁명의 과정 역시 지독한 내전으로 숱한 사람들이 고통을 받고 사회 개혁의 명분 아래 많은 사람들이 가혹한 처벌을 받는 등 아픔이 많았다. 그럼에도 불구하고 계급사회에 대한 비판을 가능케 하고 서민 대중의 정치적 자각을 이끌어낸 점은 높이 평가받는다. 바로 이러한 것을 '역사적 교훈'이라고 한다. 이것은 한 시대가 낳았던 문제를 비판하고 재평가하며 모든 사람들이 공유하는 미래의 기본 가치를 확립하는 행위이다.

한국과 일본은 20세기 전반기의 '역사적 문제'를 막연하게 '불행했던 과거'라는 수식어로 어물쩍 덮을 것이 아니라 정면으로 마주 보아야 한다. 개개인을 보면 당시에 부도덕한 조선인과 양심적인 일본인이 많이 있었을 수도 있다. 그러나 어느 민족이 어느 민족한테 무슨 일을 저질렀는가 하는 문제는 분명하지 않은가?

한국과 일본은 어찌 보면 역사적으로 매우 중요하고 가치 있는 공동의 행동을 할 수 있는 중요한 시기에 와 있다. 우리는 '위안부' 피해자 문제를 다루면서 인간은 어떤 가치를 지니고 있는가, 아무리 적대적인 국적·인종·계층이라 하더라도 인간으로서 반드시 삼가야 할 금기가 무엇인가, 강자는 위기에 빠진 약자를 어떻게 대할 것인가 등등 인간의 가치를 재구성하는 작업을 했어야 한다. 안타깝게도 한국과 일본의 정부는 인간의 가치를 한 단계 더 높은 차원에서 이해할 수 있는 철학적·도덕적 계기를 만들어 내지 못했다. 지나치게 수판알만 튀기며 손익계산서를 챙기다가 오히려 더 중요한 것을 잃은 것이다.

'위안부' 피해자들을 약하디약한 여성들의 개인적인 불행이 나 고단한 숙명으로 바라볼 것이 아니라, 인간이 저지른 잔혹한 죄의 대가를 대신 짊어진 대속(代贖)으로 받아들인다면 그 앞에서 돈 액수 같은 표현은 감히 꺼낼 수도 없었을 것이다. 또 입막음을 노린 불가역적이니 하는 말 역시 엄두도 낼 수 없었을 것이다.

아무리 이해관계를 명시한 외교 문서라고는 하지만, 그것은 나라를 대표한다는 그들이 이러한 역사적·철학적 대의를 담을 만한 그릇과 깜냥이 아니었음을 여실히 보여주었다. 이 합의는 치욕의 언어로 가득 찼다. 인간의 가치를 듬뿍 높이는 최종적이고도 불가역적인 감동의 언어는 아직 멀고도 멀었다.

만일
언어 경찰이 있다면

상상을 한번 해보자. 만일 언어의 질서를 바로잡는 '언어 경찰'이 있다면 어떻게 될까? 사람들이 항상 바른 말과 고운 말만 쓰고, 비루한 욕설 같은 것은 입에 담지 않는 낙원이 되지 않겠는가? 더 나아가 정확한 표준 발음과 맞춤법만 사용하도록 계도한다면 모범적인 사회가 이루어지지 않겠는가? 그럴듯하게 들리는 면도 없지는 않겠지만 부작용도 적지 않을 것이다. 이건 아니다 싶다. 언어적인 오류나 실수는 법률을 위반한 범죄와 비교될 수도 없고, 윤리적인 기준을 벗어난 망측한 일과도 거리가 멀다. 정의의 문제로 논하기는 더욱 더 어렵다. 언어 오류는 누구든지 저지를 수 있는 현상이다. 문법적 오류나 발음상의 오류를 다 포함해서 말이다.

언어의 잘잘못을 따지고 일일이 타박을 할 수가 없는 것은 언어는 즉각 바로잡기가 가능하기 때문이다. 말을 하다가 무언가를 틀렸다면 "아아, 그거 아니구…"라든지 "아차차"라는 말을 하면서 즉시 수정이 가능하다. 그렇게 스스로 바로잡기를 행하면 조금 전에 발화한 틀린 말은 즉시 '무죄'처럼 다루어진다. 아니 무죄라 하면 기소된 다음의 문제이니 그냥 자동적으로 불기소 처분이 되는 셈이다. 이런 사용 법칙을 가진 언어를 어찌 틀린 부분이 있다고 처벌이나 징계를 할 수 있겠는가?

사실 보통 사람들이 일상에서 사용하는 말의 적절성과 규범을 일일이 점검하고 지도한다는 일은 상상만 해도 끔찍하다. 규율이 엄격한 군대에서도 열병식에서의 걸음걸이나 차렷 자세 정도는 바로잡을 수 있지만, 일상에서의 몸놀림이나 말투까지 통제할 수는 없다. 만일에 그러한 일이 가능하다고 믿는 사람이 있다면 그는 '규범 숭배자'라 불릴 만하다. 더구나 언어 사용은 일종의 자율적인 활동이다. 시민의 자율적인 활동을 경직된 문장으로 이루어진 법률로 조정이나 개선을 할 수 있다고 생각한다면 그것은 대단히 위험한 사고방식이다.

우리가 국어 수업에서 배우는 문법 공부나 규범집에 나오는 맞춤법은 일상생활에서 사용하는 온갖 말의 처음부터 끝까지를 규정하는 법전이 아니다. 언어는 규범에 어긋난다고 법률적인 제재를 받지는 않는다. 벌금도 내지 않는다. 언어 문제는 법적인 현상이 아니라 거의 민속적인 현상이다. 언어에 문제가 발생했을 때, 곧 문제가 되는 말을 발설했을 때 이에 대해 일종의 '제재'를 한다면, 그 제재의 성격 역시 '언어적'인 것이어야 함이 옳다. 예를 들어 야단을 친다든지, 경고를 한다든지, 또는 사사로운 친구 사이라면 좀 투덜투덜하고 끝내는 정도면 충분하지 않을까 한다.

요즘은 언어에 대해 점점 더 엄격한 대응을 시도하는 추세를 보인다. 옛날에는 무언가 문제가 되는 말을 해도 현장에 있던 사람이 아니면 그 사실을 알기 어려웠다. 또 그 현장의 소리를 전해 들었다 하더라도 시간이 지난 다음에는 지속적으로 문제 삼기가 여러모로 불편했다. 그러나 요즘은 매체도 발전했고, 각종 통신기기의 보급도 엄청나서, 문제의 발화가 있었던 현장의 보존이 아주 쉬워졌다. 곧 문제의 발화를 법적인 분쟁의 대상으로 삼을 수 있는 여건이 좋아진 것이다.

우리 사회의 기존 법률에서는 언어에 대한 일정한 제재 조항을 이미 갖추고 있다. 예를 들어 '모욕'이나 '허위사실 유포'에 해당하는 부분은 법적인 제재가 가능하다. 여기에다가 사람의 용모라든지 신앙과 이념, 혈통과 고향, 성별과 인종, 성적 취향에 이르기까지 광범위한 법적 보호가 이루어져가고 있다. 그런가 하면 정치적인 자유가 폭넓어지면서 과거에 퍽 예민했던 '사상 문제'는 상대적으로 점점 자유로워지는 경향이 있다.

보통 사람들한테는 잘 알려져 있지 않지만, 방송계에는 언어 사용에 대해 검토와 평가를 하는 기관이 있다. 방송 언어를 점검하고, 경우에 따라 질책도 하는 기관이다. 특히 지상파 방송은 윤리적으로나 교육적으로 문제 있는 언어를 사용했을 경우에 부담스러운 비판을 받을 가능성이 있다. 이 기관의 개선안이 교육이나 정파적 중립성에 관한 언어 윤리의 문제를 지적한다면 의미가 있겠지만, 실제로는 거의 대부분이 언어 규범, 즉 표준 발음이나, 통속어 사용 항목에서의 지적이 다수를 이루고 있다. 언어적 실수나 의도적 비틀기에 지나치게 깐깐한 잣대를 들이미는 것이다. '헐헐헐'처럼 장난에 가까운 자막에 대해 주의를 주기도 하고, 'ㅋㅋㅋ'도 문제를 삼아 방송국 쪽에서 뒤늦게 모음 글자를 넣었다고 한다.

결과적으로 예능 프로그램의 언어를 많이 지적하는 경향이 있는데, 어찌 예능 프로그램에서 정확한 발음과 표준화된 전형적인 의미만 사용할 수 있겠는가. 장난으로라도 비틀고 꼬아놓고 희롱하는 것이 인간의 유희 아닌가. 우리의 맞춤법은 원래 공식적인 문장 활동에 주로 적용하려고 만든 규약이지, 모든 사람의 삶과 발화 전반을 단속하는 것이 그 목적은 아니다. 방송 중에 짓궂거나 좀 점잖지 못한 표현을 했다고 미주알고주알 모두 문제 삼는 것은 분명 문제가 있다.

언어는 성스러운 면도 있지만 개구쟁이 같은 면도 있다. 언어에 대한 단속과 규제는 구체적인 해악이 드러나는 부분에만 한정해야지, 실오라기 같은 실수나 장난도 용납을 못하는 근엄함은 언어의 그 풍부한 기능을 왜소하고 옹졸하게 해석하는 일이다. 속상한 일이 많을 때는 웃고도 살아야 한다.

2

한국어를

생각하다

한글의 파괴일까
확장일까

한글은 모아쓰기를 한다. 그 말은 한글 낱낱의 글자가 모두 24자이긴 하지만 그것을 알파벳처럼 따로따로 독립적으로 줄 세워놓는 것이 아니라 모음과 자음, 그리고 받침의 자리에 낱글자를 배치하여 전체적으로 보면 네모 모양의 글자 묶음을 만들어야 한다는 뜻이다. 전문 용어로 설명하자면 한글은 '음절' 단위로 모아쓰게 되어 있다. 바로 이것이 한글이 훈민정음이라는 이름으로 생겨난 이후 지금까지 철칙처럼 지켜왔던 한글맞춤법의 기본 뼈대이다.

그러나 최근에 컴퓨터와 휴대전화가 발전하고 여러 가지 통신수단이 꽃피면서, 자모의 새로운 사용법이 눈에 자주 띄고 있다. 예를 들어 'ㅋㅋㅋ'나 'ㅎㅎㅎ'처럼 낱글자만으로 마치 풀어쓰기를 한 것처럼 늘어놓는 현상 말이다. 그렇게 낱글자를 풀어놓은 것을 보면 이것이 말인 듯, 소리인 듯, 아니면 그저 감정의 표시인 듯 아리송하다. 매우 복합적인 기능과 의미를 낱낱의 자모로 표현했다고 할 수 있겠다. 어떤 사람들은 이런 현상을 흥미롭다는 듯 바라보며 흉내를 내기도 하고, 또 다른 이들은 한글을 그릇되게 사용하는 것은 아닌지 걱정을 하기도 한다.

아예 'ㅋㅋㅋ 카페' 하는 식으로 가게 상호를 지은 곳도 있다. 가게 이름을 부를 때 "키읔키읔키읔 카페에서 만납시다"라고 해야 할 것 같기도 한데 아무래도 그건 아닌 것 같다. 이 사람 저 사람 말하는 것을 들어보니 대부분이 'ㅋㅋㅋ'는 '크크크'로, 'ㅎㅎㅎ'는 '호호호'로 읽고 있다. 그렇다면 아예 '크크크'와 '호호호'처럼 음절을 만들면 아무 문제가 없을 듯도 하지만, 그렇게 적으면 이렇게 낱글자로 표기한 근본 의도와 욕망을 망가뜨린다. 'ㅋㅋㅋ'와 'ㅎㅎㅎ'는 터져 나오려는 웃음과, 입술을 깨물며 그것을 참으려는 표정을 떠올리게 한다. 마치 '크크크'와 'ㅋㅋㅋ'는 소릿값 자체가 다를 것 같다는 생각도 든다.

그뿐만이 아니다. 'ㅠㅠㅠ'처럼 눈물 흘리는 모습을 글자 형상으로 나타내면서 상형문자 기능까지 흉내를 낸다. 또 '꾸벅'과 같은 말로 인사 혹은 고개 숙여 미안함이나 경의를 표하기도 한다. 보통 의성어로 언어를 대용하는 경우는 흔하지만 '꾸벅' 같은 의태어로 말하는 것은 못 보던 일이다. 예를 들어 '하하'와 같은 경쾌한 웃음소리로, 혹은 '홀짝' 같은 술 마시는 소리로 자신의 행동을 표현하며 무언가의 장면을 드러낼 수는 있지만, 의태어로는 표현이 불편해 보인다.

그런가 하면 '인정'을 'ㅇㅈ'으로, 대답할 때 쓰이는 '응'을 'ㅇ ㅇ'으로, '잘 자'를 'ㅈㅈ'으로 줄여서 표기하기도 한다. 휴대전화로 문자를 주고받는 빈도가 높아지면서, 동시에 속도도 빨라지면서 생기는 새로운 문자 풍속도이기도 하다. 다시 말해서 한글은 이젠 굳이 음절 단위로 표기해야만 하는 문자가 아닐 수가 있다는 것이다. 한편으로는 전통 표기법에 큰 변화 혹은 결손이 생긴다고 볼 수 있고, 아니면 새로운 발전 방향을 암시해주는 것이라고 긍정적으로 볼 수 있을 것이다.

한 걸음 더 나아가 '야민정음'이라는 것도 나타났다. 원래 야구 동호인들이 사용하던 것이어서 '야민정음'이라는 별명이 붙은 표기법인데, 전혀 다른 낱글자이지만 모아써놓고 나면 비슷해 보이게 되는 글자들을 의도적으로 장난스럽게 쓰는 문자 유희이다. 예를 들어 야구선수 강귀태 씨는 '강커태'라는 야민정음으로 표기된다. 또 '팔도비빔면'이란 상품이 야민정음식 이름인 '괄도네넴띤'이라는 표기를 하고 나오기도 했다. '팔도비빔면'과 비슷해 보이는 글자 모양의 착시 효과를 겨냥했다. 비슷한 방식으로 '멍멍이'를 '댕댕이', '세종대왕'을 '세종머왕', '대한민국'을 '머한민국'으로, 김대중, 박근혜, 이명박 세 대통령 이름은 각각 '김머중', '이띵박', '박ㄹ혜'라고 적는 식이다. 문자가 오락의 수단이 된 형국이다.

이런 장난을 보고 '한글 파괴'라고 노여워하는 경우도 있다. 그러나 그 정도의 장난 가지고 무너지거나 망가질 한글이 아니다. 오히려 다양한 용도를 가지게 되면서 우리 언어문화의 통속적 저변을 더욱 넓혀볼 수 있지 않을까 하는 기대도 된다. 한글로 다양한 디자인의 작품을 만드는 것도 큰 틀에서 보면 이런 자유분방한 의식에서 비롯했다고 할 수 있지 않겠는가?

옛날에도 한자의 생김새를 이용한 글자 유희가 있었는데, 이를 파자(破字)라고 불렀다. 이성계가 위화도에서 회군을 했을 때 동요가 하나 유행했는데 가사 중에 '목자득국(木子得國)'이라는 대목이 있었다고 한다. 여기서 목자(木子)라는 구절이 바로 이(李)씨를 가리키며, 이씨가 나라를 얻는다는 뜻이었다고 했다. 훗날 조광조를 모함하는 데 쓰인 '주초위왕(走肖爲王)'이란 구절도 조(趙)씨가 왕이 된다는 뜻의 파자였다.

　문자를 언어와 정확히 일치되게 적는 방식과, 무겁고 두터운 언어 규율을 피하여 자잘한 문자 사용의 잔재미를 맛보는 것을 더 중요하게 생각하는 방식. 긍정적으로 본다면 우리는 한글의 두 가지 용법을 가지게 된 셈이다. 문자는 언어를 재생산하는 일에만 종사하는 것이 아니라, 사용자들의 즐거움과 멋을 위해서 오락 기능도 가져야 하는가 보다.

말에 담긴
시대상

언어가 주어진 시대를 반영한다는 말은 부정할 수 없는 사실이다. 그러나 그 말은 이미 시대가 지나간 다음에 과거를 반추해보면 그렇다는 말이지, 현실에 매몰되어 살아가는 사람들은 도대체 지금이 무슨 시대인지, 그래서 자신이 무슨 말을 쓰고 있는지 거의 의식하지 못한다. 말에 대해서 늘 명료하게 깨어 있기가 참 어려운 일이기 때문이다. 세월이 한참 지난 후에서야 "아! 그때는 그런 말도 썼었지! 이젠 아무도 그런 말 안 하네!" 하면서 지난날을 회상하는 것으로 끝난다.

아주 오래전도 아닌 약간 오래전, 광복 직후의 사정은 요즘의

'상식'으로는 이해하기 어려운 면이 많았다. 일본인들이 대충 지인들한테 맡기고 황망하게 떠나는 바람에 남겨진 재산을 '적산', 즉 적의 재산이라 했고 정부가 싸게 불하했다. 이를 계기로 정경유착이 생기고, 이 과정에서 보수 정권의 기초가 단단히 다져졌다. 곧이어 분단이 되면서 월남민들에 대한 혐오가 생겨 '삼팔따라지'라든지 '이북내기'와 같은 말들이 나왔다.

초대 대통령 이승만의 부인 프란체스카는 오스트리아 출신 미국인이었다. 사람들은 한동안 오스트리아와 오스트레일리아를 혼동했다. 그냥 모두 '호주'라고 불렀다. 그래서 프란체스카는 '호주댁'이었다. 그리고 외국에서 들어온 것을 무조건 호주 것으로 착각도 했다. 하늘을 나는 비행기를 보면 멋모르고 '호주 비행기'라고 불렀다. 수입한 고급 물건은 모두 마카오에서 들어온 것으로 잘못 알고 신사복을 잘 빼입었으면 '마카오 신사'라고 불렀다.

전쟁을 겪으면서 미군 제트기를 가리켜 '쌕쌕이'라고 불렀다. 지금 다시 생각해봐도 멋진 번역이다. 도로 공사를 하는 불도저를 보고 '땅차'라고 했다. 미군 부대에서 사용한 고급 세단차가 민간에 흘러나와 택시 영업을 많이 했다. '택시', '세단', '하이아' 등이 모두 택시를 가리키는 말이었다. '하이아'는 영어 'hired(고용된, 임

차된)'에서 온 말이다. 당시 미군 부대는 부족한 소비재를 비합법적으로 공급해주는 중요한 통로였다. 빠다(버터), 분유, 간즈메(통조림) 등이 그렇게 공급됐다.

전쟁 이후 희망을 잃은 사람들은 자신을 가리켜 '엽전'이라고 자조했다. 저녁 때 서울역에 나가면 시골에서 일자리 찾아 올라온 젊은이들이 흔하게 넘쳤는데 그런 경향을 '무작정 상경'이라고 불렀다. 덕분에 서울 인구는 엄청나게 늘었다. 도시는 무질서했고 '새치기'가 판을 쳤다. 해방 직후에 태어난 세대들은 '해방둥이'라 했고, 전쟁 때 태어난 세대는 '사변둥이'라고 했다. 피난지에서 태어난 아이들은 '피난둥이'였다. 이제는 이들 모두 은퇴한 세대가 되었다. 요즘 같으면 경천동지할 말이지만 길거리에 '공무원 축첩 금지'라는 표어가 붙어 있어서 어린아이들은 그게 무슨 말인지 몰라 갸우뚱하기도 했다.

1970년대까지만 해도 정치권에서 여당 세력의 간자 노릇을 하는 야당 인사를 욕하는 '사쿠라'라는 말이 허다히 사용됐고, 정이 오가던 농경 사회 분위기가 저물고 팍팍한 산업화 초기 단계에 접어들자 기회주의적인 세태의 변화에 적응하기 힘들어하는 말들도 나왔다. 세상이 아니꼽고, 더럽고, 메스껍고, 치사하다고 해서 한동안 '아더메치'란 말이 유행하기도 했다.

1980년대만 해도 '다방'에 가면 '레지'라는 종업원들이 손님 옆에 앉아 차 시중을 들었다. 신문과 방송에서는 북한을 가리켜 보통 '북괴'라고 했다. 대학생들이 시위를 하면 대개 '데모'라는 말을 썼다. 요즘은 이 말이 주로 '시연'한다는 뜻으로 쓰인다. 이 모두 넘치도록 흔하게 쓰던 말들인데 이젠 마치 근대 이전의 어휘처럼 느껴진다.

교실에 아이들이 넘쳐나고 버스에는 승객들이 터져 나갈 듯해서 교실과 버스 모두 '콩나물시루'라는 말로 표현을 했다. '국민학교'라고 불렀던 당시 초등학교에서는 학생들이 넘쳐나 오전과 오후로 나누어 2부제 수업을 했다. 오전에 등교한 학생들은 점심 때 하교를 하고, 그런 다음 오후반 학생들이 등교를 했다.

시장에는 '미제'와 '일제' 물건이 인기가 많았고, '양키 물건' 파는 아줌마들도 곳곳에 진을 치고 있었다. '국산품 애용'이라는 구호가 여기저기 휘날렸고 '전매청' 직원들은 '양담배' 단속을 다녔다. 지프차가 네모난 상자처럼 생겼다고 상자라는 뜻의 일본말 '하꼬'를 써서 '하꼬차'라고 불렀고, 빈민들이 사는 판잣집도 '하꼬방'이라 불렀다. 그러다가 앞 음절을 줄여 '꼬방동네'라는 빈민의 삶을 나타내는 불후의 문학어가 나오기도 했다.

일반적으로 어휘가 많을수록 좋은 일이라고 생각들 하는데, 돌이켜보니 그동안 사라져간 어휘가 그리 아깝거나 아쉬운 말들이 아니다. 추억에 담아둘 만은 하지만 현실로 받아들이기에는 매우 고달픈 단어들이었기 때문이다. 없어져준 게 고맙기만 하다. 그런 점에서 언어도 진화와 도태가 필요하다.

지금 사용하는 단어 가운데 먼 훗날 지긋지긋했던 말로 기억에 남을 것은 무엇이며, 없어져서 참 다행이라고 생각될 어휘는 무엇일까? 아마도 갖가지 혐오 발언, 갑질 언어, 차별 언어, 막말과 독설, 그리고 각종 진상 노릇과 망언, 더 나아가 한남충, 된장녀 같은 말들의 목록이 그 언젠가 지금의 시대를 평가하고 규정하는 도구가 되지 않겠는가? 이러한 말들 때문에 지금 이 시대가 되돌아보기 싫은 '어둠의 시대'로 낙인찍히지나 않을까 걱정이다.

말과 문물의
토착화

아주 오래전 이야기지만, 한때 '양담배'가 문제 된 적이 있었다. 국가가 독점하는 전매품인 국산 담배 소비를 방해하는 불법 상품이었다. 주로 미군 부대에서 흘러나왔다. 전매청에서 나온 전문 단속반이 있었고, 다방 같은 데서 몰래 단골한테만 팔기도 했다. 이름은 서양에서 왔다는 '양-'이라는 접두사를 붙이고 있었지만, 사실상 모두 미제 담배였다. 미국은 곧 서양의 상징이었다.

그런데 요즘은 가게에서 합법적으로 외국 담배들을 판다. 그것도 미국 것만이 아니라 여러 나라 담배를 자유롭게 살 수 있다. 그러면서 어느새 '양담배'라는 말조차 듣기 어려워졌다. 자유로워진 동시에 그 말이 신기하게도 사라진 것이다. 애당초부터 무의미한 허구의 개념이었던 것이다. 용도와 품질, 재료와 공법에 아무런 차이가 없는 물건에 따로 이름을 지어주는 것이 무슨 의미가 있었겠는가? 그 차이가 있다면 판매 수익이 전매청 장부에 오르느냐 못 오르느냐 하는 것뿐이었다.

담배 종류를 일컫는 말도 달라졌다. 미국 담배, 일본 담배, 독일 담배처럼 생산한 나라를 일컫지 않고 구체적인 상표를 말하게 되었다. 제품의 국적보다 개별화된 상품명이 그 품질과 상품 특징을 더 잘 나타낼 수 있기 때문이다. 소비자에게는 당연히 '가성비'가 중요하지 생산지가 중요하지 않다.

이렇게 세월이 흐르고 세상이 달라지면서 '양-'이라는 접두사가 사실상 무의미해진 말이 대단히 많다. '양복, 양파, 양말, 양옥, 양배추, 양철' 등의 어휘는 이제 서양에서 왔다는 표지가 무의미해졌다. 양복이나 양말처럼 해당 상품의 품질이 우리의 것이 더 우수한 경우도 많다. 양파와 양배추는 사실상 우리의 토착 농산물이나 다름이 없다. 양딸기나 양상추도 그렇다. '서양의 은'이라는 뜻이었던 양은은 하나의 소재로 받아들여지고 있을 뿐, 은과 같은 귀금속 느낌을 전혀 주지 않는다.

원래의 의미가 남아 있는 '양'자 돌림은 '양주' 정도가 아닌가 한다. 그러나 양주의 의미도 이미 '서양 술'이라는 의미가 아니다. 와인, 진, 코냑 등등 서양의 여러 가지 술 가운데 주로 위스키를 가리킨다. 그래서 '국산 양주'라는 모순된 의미의 어휘도 생겨났다. 그만큼 의미의 폭이 좁아져버렸다. 우리의 의식 속에서 깃들어 있던 '서양'이라는 거대 관념이 상품의 세계 속에서는 점점 약해지고 있다. '서양 세계'와 '우리 세계'가 동질화되고 있는 것이 아닌가 한다. 다시 말한다면 실체는 지구화되고 있고, 기호는 토착화되고 있는 셈이다.

가장 극적인 변화는 '양재기'라는 단어와 '생철'이라는 말이다. 양재기는 '서양의 자기'라는 뜻이다. 신종 도자기처럼 인식했던 흔적이다. 이것이 나중에 발음의 변화까지 생겨서 양재기가 되었으니, 어느 누가 이것을 흙을 구워 만든 옹기나 자기의 일종으로 생각하겠는가. 생철이란 말도 '서양철'이 변한 것이다.

돌이켜보면 이런 언어 현상이 굳이 서양의 것을 표기하려다 생긴 것만은 아니다. 비슷한 경우가 일본 것을 가리키는 '왜-'라는 접두사에서도 생겼다. 일본 물건 티를 내는 것이 못마땅하여 다른 표현으로 바꾸는 경우가 꽤 있어서 별로 흔적이 없을 뿐이다. '양잿물'도 옛날에는 '왜잿물'로, '일식집'도 '왜식집'이라 했었다. 양조간장을 '왜간장'이라고 하다가 이젠 거의 대부분의 집에서 국산 양조간장을 사용하게 되면서 '왜-'라는 접두사가 떨어져 나갔다. '왜비누, 왜솜, 왜무' 등의 낱말들이 그렇게 사라져갔다.

더 오래 전에는 중국에서 온 물건에 '당-'이라는 접두사를 붙였다. 당나라에서 왔다는 뜻이다. 고추를 '당추' 혹은 '당가지'라고 했으며, 고구마를 '당감자'라고도 했다. 중국의 옷감을 '당목, 당모시' 등으로 불렀으며, 우리 귀에 익은 '당나귀, 당면' 등도 중국에서 유래했음을 나타내는 말이다. 어떻든 당대에는 꽤 값진 외래 신문물에 속했을 터이다. 그 외에도 오랑캐라는 뜻의 '호-'라는 접두사를 사용하기도 했다. 종종 중국 것이란 뜻도 되지만, 보통은 몽골이나 만주 쪽의 문물이나 그들이 중원을 지배할 때 들어온 산물이 많다. 대표적인 말이 '호떡'과 '호주머니'다. '호빵'은 관계가 없다. 근래에 새로운 상품 이름으로 등장한 말이다. 그리고 많이 쓰이는 말은 아니지만 '호밀, 호배추, 호콩(=땅콩)' 등은 중국 혹은 북아시아와 관계된 문물을 가리키는 말이다.

이와 같은 접두사들은 우리 조상들이 어떤 국제 관계 속에서, 어떤 세력에게 시달리거나 혹은 교류하며 지냈는가 하는 것을 짐

작케 하는 흔적이기도 하다. 곧 문화적으로나 사회경제적으로 어느 지역과 긴밀한 관계를 맺었는지 보여주는 언어적 지표인 셈이다. 동시에 점점 우리의 언어 기층에 녹아들어 뿌리 내리고 토착화되었음을 보여주는 사례이다.

외래어의 홍수를 걱정하는 사람들이 많다. 이러다가 한국어는 토씨만 남게 되는 것 아니냐고 걱정이다. 언어를 곱게 다듬고 싶은 마음이야 당연한 일이지만, 그렇다고 너무 두려워하거나 지나치게 배타적인 태도를 보일 필요는 없다. 말에 대해서 너무 예민한 반응을 보이기보다는, 우리의 삶이 남에게 의존적이거나 자기 판단 없이 흉내만 내는 생활을 하지 않도록 스스로 돌이켜보는 게 중요하다. 자신의 문제를 스스로 성실하게 풀어가다 보면 설사 외래적인 요소들이 많다 하더라도 어느 결엔가는 토착화의 길로 들어서게 된다. 언어는 문제의 출발이라기보다는 문제의 귀결에 가깝다.

다른 한편으로는 세계화라는 물결에 놀라 외국어가 더 중요하다고 생각하는 경우도 많다. 그러나 진정한 세계화는 세계가 다양한 문물을 공유하는 것이지, 이익이 많이 생기는 것만 남기고 나머지를 없애는 것이 아니다. 우리는 대학 입시 주요 과목을 '국

영수'라고 쓰면서 속으로는 '영수국'이라고 읽는다. 국어를 국어의 자리에, 영어를 외국어 자리에 분명히 두기만 한다면 그리 걱정할 것 없다. 우리가 우리의 길을 간다면 외래적인 것은 결국은 토착화가 된다.

외국어의 차용,
한국어의 전파

사람들은 '순우리말'을 높이 치는 경향이 있다. 외국의 언어로부터 영향을 받지 않은 고결한 언어를 추구하고픈 열의를 시시때때로 보인다. 특히 누군가가 "그건 일본말에서 왔어"라고 일러주기라도 하면 대개 화들짝 놀라며 말을 고쳐 한다. 사실 일본말보다는 영어를 비롯하여 서유럽 계통에서 온 외래어가 더욱 압도적이다. 또 굳이 짚어보자면 한자어야말로 역사적으로 가장 오래된 외래어인데, 워낙에 긴 세월 동안 토착화된 부분이 많아 의식을 못하고 지내는 것이다.

　외국어에서 유래하여 우리 언어에 정착하는 어휘를 보통 차용어라고 부른다. 문화 접촉 과정에서 자주 일어나는 현상이다. 문화적 차용이 이루어질 때는 대부분 새로운 환경에 정착하는 과정에서 변형이 일어난다. 곧 차용과 변형은 문화 접촉 과정에서 피할 수 없는 현상이다. 문화 현상의 하나인 언어에서도 차용과 변형이 일어나기 마련이다. 종종 차용은 일어나되 변형은 잘 안 일어나는 경우가 있다. 그것은 강력한 제도를 통해 부단히 원래의 언어 형태를 재학습시키는 장치가 작동하기 때문이다. 예를 들어 예부터 우리는 중국어의 영향을 받아왔고 그 일부는 통속적인 통로를 통해 토착화되었다. 그런데 한편에서는 과거제도와 같은 거대한 제도적 장치에 힘입어 부단히 '언어적 원전'을 유지하도록 애썼다. 결과적으로 지금 한국어에는 '가족(家族), 친구(親舊), 책(冊), 갑부(甲富)'처럼 중국어다운 모습을 유지하면서 체계적으로 정착한 한자말도 있고, '붓(筆), 먹(墨), 개숫물(家事물), 채비(差備), 다홍색(大紅色)'처럼 일정한 변형을 거치며 토착화되어 많은 사람들이 한자말에서 온 줄 모르고 쓰는 경우도 있다.

한자말처럼 오래되지는 않았지만 근대화 과정에서 유럽계나 일본계 외래어가 들어와 토착화된 사례들이 있다. 그 단어들도 종종 외래어라는 인식 없이 사용되곤 한다. '빵(포르투갈어 pão), 구

두(일본어 〈つ), 냄비(일본어 なべ)' 등이 그런 단어이며 빵집, 제빵사, 구둣방, 구둣주걱, 냄비국수, 냄비근성과 같은 많은 합성어가 생기기도 했다. 전문가가 특별히 꼬집어 말해주지 않으면 외래어가 섞인 말인지도 의식하지 못하는 것 같다.

그러나 근대 이후에 들어온 외래어는 아직 본향의 모양새를 그대로 띠고 있는 경우가 태반이다. 거의 토착화가 이루어지지 않은 상태이다. 그리고 현대사회의 다양한 문물들을 표현하기 때문에 양적으로 엄청난 어휘 점유율을 보인다. 특히 각종 전문용어는 이루 말할 수 없이 압도적이다. 달리 말해서 우리는 엄청난 양의 '낯선 지식'과 대결하고 있는 중이다. 우리는 본의든 아니든 일종의 '전문용어 문맹' 상태에 빠져 있다고 볼 수도 있다.

외래어 가운데에는 전문가들이나 제도를 통하지 않고 통속적인 경로로 들어온 것들도 있다. 이런 외래어들은 의외로 토착화가 잘 일어나는 편이다. 예를 들어 '모텔'은 자동차(motor)로 멀리 여행하다가 들르는 숙박업소(hotel)라는 뜻의 영어에서 왔다. 그러나 우리한테 들어온 이 말은 자동차 여행자를 위한 숙박업소라기보다는, 유흥업소들 틈새에 섞여 있는 간이 숙박업소라는 뜻으로 정착되어버렸다. 말은 분명히 영어에서 차용해왔는데, 그 의미는 원래의 것과 전혀 다른 우리의 현실이 반영된 것이다. 즉, 언어의 형식은 외국 것인데, 그 내용물은 우리의 생활 방식을 담아 넣은 것이다.

언어의 형식과 내용물이 다 바뀐 사례로 '알바'를 들 수 있다. 독일어 아르바이트(Arbeit)는 '일, 노동, 과제, 학업, 연구' 등을 폭넓게 의미한다. 그런데 희한하게도 한국어에 외래어로 들어와서는 '부업, 비정규 직업' 등을 뜻하게 되었다. 어떤 시각에서는 그것도 불필요한 외래어라고 볼 수도 있지만, 또 달리 본다면 한국어 세계의 한 모퉁이에서 특이한 의미를 얻게 된 새로운 어휘라고도 할 수 있을 것 같다.

거꾸로 한국어가 외국에 알려져서 외래어가 되는 경우도 있다. '불고기, 김치, 태권도, 온돌' 등은 이미 영어 사전에도 올랐다. 최근에는 음악, 영화, 방송, 스포츠 등 한국 문화의 소개가 활발해지고 한국어 학습 열풍이 불면서 한국어 어휘가 대중적이며 통속적인 경로를 통해 곳곳에 뻗어나가는 중이다.

한국어 어휘가 널리 퍼져나간 데는 20세기 말에 나타난 각종 정보 기기의 발전이 매우 큰 영향을 끼쳤다. 과거 같으면 문화적 현상이 널리 퍼져나가기 위해서는 조직적인 선전 홍보가 필요했지만,

이제는 '대중'이 직접 관심을 표하고 자발적으로 선전과 홍보를 해주며, 스스로 비용을 내고 참여함으로써 직접 즐기는 풍토로 변했다. 이러한 변화가 한국어의 전파와 소개를 부추긴 것이다.

그렇기 때문에 한국어의 전파는 과거의 영어나 일본어의 전파와는 그 양상이 다르다. 게다가 컴퓨터, 태블릿 피시, 스마트폰, 유튜브, 트위터 등 다양하고 다층적인 기기와 매체가 서로의 다중 교신을 활짝 꽃피워주고 있다. 곧 한국어가 번져나가는 현상에 정보 기기의 역할, 대중의 자발성, 매체의 다양성과 다중성이 밑받침하고 있는 형국이다. 과거의 특정 문화의 확장과는 질이 완전히 다르다고 봐야 한다. 국가나 체제가 움직이는 것이 아니라 그 바닥이 움직이고 있다. 곧 대중의 활발한 운동이다.

한글이 세종이라는 '계몽군주'를 만나 탄생되었듯이 한국어의 해외 보급 역시 남다른 특징이 있는데, 선진국이 후진국을 억압하는 제국주의적 체제를 통한 것이 아니라 대중들의 자발적 문화 활동에 의해 성취되고 있다는 점이다. 정치와 경제로 세상을 압도하는 세력도 아니면서 문화적 자발성, 문화적 다양성, 개별 주체들의 선택에 기초한 한국 문화의 전파는 여러 점에서 매력적인 현상이다. 우리 스스로 자부심을 가져도 좋은 현상이다.

일본식 외래어는
왜 통속적일까?

어느 언어권에서든지 외래어를 대놓고 환영하는 곳은 없다. 그렇다고 해서 외래어를 완강하게 금지하는 곳도 별로 없다. 대개는 그냥 방치하든지, 문제는 삼지만 차마 금지는 못하고 그냥 지내든지 하는 정도이다. 결과적으로는 대부분이 방치하는 셈이다.

그런데 외래어는 왜 자꾸 퍼질까? 종종 주장하듯이 사대주의 때문일까? 아니면 너무나 멋있는 말이어서 그런가? 사실 외래어가 많이 사용되는 원인을 말하기는 쉽지 않다. 좀 무리해서 간단명료하게 말한다면, 언어 사용자들의 '언어 지식'과 '욕망' 때문이다.

다른 언어에 대한 지식은 그것을 사용하고픈 욕망을 불러일으킨다. 특히 그것을 사용하면 더 큰 가치를 얻을 수 있을 것 같은 생각이 들 때는 주저 않고 사용하게 된다. 예를 들어 더 권위 있게 보인다거나, 더 학식이 뛰어난 사람으로 보여 의사 관철 능력을 높인다거나 하는 무언가의 '이익'이 있게 마련이다. 개인적인 욕망의 문제이기 때문에 옆에서 문제 삼기는 어렵다. 국제 교류를 정상적으로 하는 사회치고 외래어가 없는 곳을 찾는 것은 불가능하다. 그러나 어떤 경우에 어떤 외래어를 선호하는가 하는 것은 또 다른 문제이기도 해서 관심 있게 들여다볼 필요가 있다.

외래어가 비교적 쉽게 들락날락하는 분야는 대개 '멋 부리는 일'과 '손님 접대'와 관련된 곳이라고 한다. 그래서 패션, 화장품, 실내장식과 가구, 여행, 음식 등과 관련된 분야에서는 으레 외래어가 많이 꼬인다. 그뿐이랴? 전문 용어, 학술 용어, 기술 용어 등에서 엄청난 양의 외래어에 시달려야 한다. 게다가 우리가 즐기는 스포츠 가운데 많은 종목들이 서유럽을 출발지로 한 것들이다. 당연히 스포츠 용어들도 그들의 말에서 왔다. 우리의 언어를 지키기 위해서 오로지 씨름과 태권도만 하자고 할 수는 없는 노릇이다.

인기 높은 외래어인 영어는 새로운 분야, 새로운 상품과 문물, 혹은 풍조를 표현하는 데 많이 쓰인다. 그래서 세속에서 영어는 늘 새로운 것이라는 느낌을 강하게 준다. 그러다 보니 최근에 꽃피운 정보 기술, 첨단 기술, 지식 산업 분야는 영어에서 온 외래 어투성이다. 또, 별것 아닌 말도 영어 알파벳 약자로 조합하면 무슨 중요 개념처럼 사용되기도 한다. VIP라는 말이 그렇다. '매우 중요한 사람(very important person)'이란 평범한 뜻을 괜스레 약어로 조합한 것이다. 일종의 '사이비 새 단어'이다.

멋 부리는 말 가운데서도 한 수 높은 멋을 피우고 싶으면 프랑스어나 이탈리아어에서 차용한 어휘를 쓰기도 한다. 이미 통속화되어버린 영어에 비해 그 가치가 그리 눌리지 않는다는 평가를 받기 때문일 것이다.

우리는 오랫동안 일본어에서 차용한 말을 상당히 써왔고, 지금은 일본어를 꺼리는 마음도 상당히 강하다. 그런 탓인지 일본어 단어를 들으면 비공식적인 것, 곧 질서를 벗어난 표현처럼 느껴진다. 또 이상하게도 일본식 외래어에는 '후리타, 오타쿠, 무데뽀, 노가다, 야마, 곤조' 등과 같이 공식 세계에서 벗어난 비공식 변두리 세계의 의미 영역을 가리키는 어휘가 분명히 더 많다. 이는 일본어에 큰 문제가 있어서가 아니라, 일본어가 외래어로 우리한테 들어오는 경로가 통속적이고 비공식적이기 때문인 것 같다. 한국 사회가 일본어를 부정적으로 보면서 덧씌워진 부작용일 가능성도 있다.

그러다 보니 일본어에서 온 외래어나 일본식 발음으로 표현되는 외래어는 무언가 통속화된 것, 비공식적인 것 같은 인상을 준다. 더 나아가 의식적인 비속화 기능도 적지 않게 드러낸다. 스스로를 거칠게 보이게 하며, 공공 영역 바깥의 '저렴한 분위기'를 만드는 공격적 기능 말이다. 그렇기 때문에 몇몇 유명 인사가 거르지 않고 내뱉은 '야지'라든지 '겐세이' 같은 외래어 사용에 대한 비판은 귀담아들을 필요가 있다.

한국어에 '비공식적인 의미'를 남기는 일본어들은 대개 일본어의 발음을 그대로 들여온 경우들이다. 이와 달리 일본식 한자어를 차용하면 버젓한 표준어처럼 인식된다. '와리비키'라고 하면 거북한 말 같지만 이것의 한자를 한국어식으로 읽으면 '할인'이 된다. '붐파이−분배'도 마찬가지 경우다. 결국 같은 말도 한자어로 받으면 멀쩡한데 일본어식으로 받아들이면 마치 점잖지 못한 말이라는 느낌이 드는 것이다.

서유럽의 언어에서 어휘를 차용할 때 우리는 '발전된 사회의 산물'이라는 기대를 갖는다. 그러나 일본어에 대해서만은 후한 평가를 기피한다. 한편으로는 일본 사회의 수준을 쉽게 인정 못하는 우리의 태도가 이율배반적이라 할 수도 있고, 역사적으로 본다면 아직도 '그 문제'가 제대로 해결되지 않았음을 보여주는 표지이기도 하다. 다시 한 번 확인할 수 있는 것은 한국과 일본의 관계는 배상금만의 문제가 아니라는 점이다. 일본은 자신들이 연합국에 패배한 것만 인정했다. 우리가 원하는 것은 그 이상이고, 그 간극이 이러한 이율배반을 끊임없이 언어 세계에 재생산해주고 있다.

한글 자부심의
함정

우리 문자 한글에 대한 자부심이 워낙 높기 때문인지, 우리는 다른 문자들을 좀 우습게 보는 경향이 있는 것 같다. 우리는 한글이 독창적이라는 것, 매우 과학적이라는 것, 무척 편리하게 만들었다는 것 등을 근거로 한글 자랑을 하곤 한다. 그런데 다른 문화권에서도 각자 자기네 문자에 대해 나름대로의 자부심을 가지고 있다. 우리의 자부심만이 아니라 남들의 자부심도 인정할 만한 면이 많다.

알파벳을 사용하는 사람들은 세계에 가장 널리 퍼져 있는 문자라는 자부심이 있다. 인정 안 할 수 없는 사실이다. 한자를 사용하는 중국인들은 현존하는 문자 중에 세계에서 가장 오래된 문자라는 자부심이 있다. 그래서 중국 문자를 익히면 대략 3천 년 전 문헌까지 읽을 수 있다는 장점이 있다. 이 역시 인정하지 않을 수 없다. 러시아의 키릴 문자 사용자들은 그리스 문화의 후계자로, 또 동방교회의 계승자로서의 자부심을 숨기지 않는다. 아랍 문자 사용자들은 아랍어본 『쿠란』만을 정본으로 인정하며 아랍 문자를 사용한다는 것은 이슬람 신앙의 밑바탕임을 자랑한다. 또 인도계 문자들을 사용하는 힌두계 및 드라비다계 사람들은 그들의 문자가 가장 오랫동안 최고의 지혜를 담아온 문자라는 자부심이 있다. 아르메니아 문자는 초대교회의 신앙을 계승하여 최초로 국교화되었던 기독교의 상징이다. 문자가 가지는 상징적 가치가 워낙에 다양하기 때문에 지역마다 문화권마다, 서로 갖가지 이유와 명분을 내세워 자랑거리로 삼는다.

현실의 문제로 돌아가보자. 현실적으로 언어와 문자가 해주어야 할 가장 중요한 임무는 '지식의 그릇'이 되어주는 것이다. 그런 연후에 문학도 있고 예술도 있으며 신앙도 논할 수 있지 않겠는가. 결국은 그 문자로 문해(文解)를 얼마나 달성했는지, 그것으로 얼마나 충분한 교육을 받는지, 그리고 지식과 정보를 막힘없이 누릴 수 있는지를 보고 문자를 평가할 수밖에 없을 것이다.

옛날에는 문자를 쓴다, 문자를 안다고 하면 일반적으로 한문 능력을 가리켰다. 그만큼 한문은 대표적이면서도 지배적인 기록 수단이었다. 후에 훈민정음이 만들어져 '언문'이라는 별칭을 얻었을 때도 한문은 한 수 높은 '진서'라고 일컬어졌다.

지금은 누구도 한문을 진서라고 하지 않는다. 그러나 문자의 세상을 조금이라도 들여다본 사람은 새로운 진서가 세상을 지배하고 있음을 금방 눈치 챌 수 있다. 바로 영어로 된 글이다. 과거에 한문이 동아시아 정도를 지배했다면, 이제 영어는 명실 공히 세계를 뒤덮고 있다. 영어를 현대의 진서로 만들고 있는 대표적인 곳이 고등교육기관인 대학이다.

대학 입시에 성공하려면 영어 능력 없이는 불가능하다. 영어를 단 한마디 쓸 필요가 없는 일자리라 하더라도 영어 성적을 필요로 한다. 한국 사회만 그런 것이 아니라 전 세계가 그러다시피 한다. 학술적인 전문용어들은 사실상 영어 용어(종종 라틴어)를 매개로 번역된다. 영어로 된 용어가 일종의 허브 구실을 한다. 그만큼 영어는 지식의 핵심이고 수많은 기타 언어들은 대부분이 2차적이다.

대학에서 개설한 강좌를 보면 '원서 강독'이라는 강의가 있다. '원서'의 사전적 의미는 베끼거나 번역한 책의 '원래의 판본'이다. 그러나 실제로 강의에 사용되는 '원서'는 그저 영어로 된 교재일 뿐, 원래의 판본이 아닌 경우가 많다. 오히려 이것저것 짜깁기한 것이 더 흔하다. 그런데도 영어로 된 책은 '원서'라는 호칭을 얻고, 한국어 서적일 경우는 분명히 '원서'의 자격을 갖추었음에도 그러한 이름을 쓰지 않는다. 어느 언어가 지배적인지 한눈에 드러난다.

우리가 한문의 지배에서 벗어난 것을 자랑하고는 있으나, 사실은 한문에서 영문으로 지배 체제만 바뀌었다는 것이 엄연한 사실이다. 그렇다면 우리 지식은 예나 지금이나 '번역된 지식'의 수준에서 '원천 지식'의 주변부만 맴돌고 있는 셈이다. 이제는 글자 자랑보다는 우리의 언어와 문자가 어떤 지식을 담고 있는지 되돌아보아야 할 때다. 그냥 번역이나 하며 남이 발견한 지식을 외우거나 살짝 개량 정도 하는 일에는 굳이 과학적인 문자가 없어도 된다. 남들 노벨상 받을 때면 늘 나오는 "우리는…" 하는 신세타령 말고, 창의적인 글쓰기를 통해 지식 생산의 중심부로 들어서는 일이 더욱 시급하다.

필기구
변천사

20세기 말에 대중에게 보급되기 시작한 컴퓨터는 초창기에는 '전산'이라는 이름이 붙어서 마치 계산기의 일종처럼 받아들여졌으나, 이제는 훨씬 더 나아가서 보편적인 기록 수단이자 정보처리 도구로 자리 잡았다. 기록 수단의 도구로 보면 컴퓨터는 마치 '영리한 타자기'로 보인다. 옛날 타자기는 틀린 부분을 수정하기가 무척 어렵고 번거로웠지만 컴퓨터는 그런 문제를 간단히 해결했다. 또한 컴퓨터는 거의 모든 문자와 부호를 내부에 저장하고 있다. 그뿐만 아니라 맞춤법도 잘 기억하고 있어서 사람의 맞춤법 실수를 쉽게 고쳐주기도 한다. 컴퓨터가 작성하는 문서 종류도 무척 풍부하다. 일반 텍스트 문서에다가 그림, 동영상, 시뮬레이션 자료, 도표와 통계 처리 등 사람이 책상머리에서 하는 작업의 대부분을 더 간단히, 더 빠르게, 더 정확하게 처리한다. 깔끔하게 표준화된 활자를 사용하기 때문에 손글씨가 악필인 사람들도 이젠 걱정할 필요가 없다. 그러다 보니 컴퓨터 의존도는 높아져간다.

더 나아가 컴퓨터가 불편해하지 않도록 오히려 사람이 수고를 마다하지 않기도 한다. 예를 들면 독일어에서는 움라우트 표시가 있는 ä나 ü를 대신 ae와 ue로 적을 수 있게 했다. 컴퓨터가 원활하게 이용되게 하기 위하여 사람이 불편을 감수한 것이다. 한국어의 로마자 표기에서도 거추장스러운 보조 부호를 없앴다. 옛날에는 'ㅓ'와 'ㅡ'를 알파벳으로 쓸 때 보조 부호를 붙여서 ŏ, ŭ로 표시했는데, 이제는 좀 어색한 면이 있지만 컴퓨터가 불편해하지 않도록 기꺼이 eo와 eu로 바꿔서 쓴다. 이렇게 컴퓨터 사용의 편의를 위해 언어 규범의 제도를 손질하기까지 했다. 그만큼 컴퓨터는 우리의 일상과 소통 방식에 크나큰 변화를 불러왔다.

문서 작성기로서의 컴퓨터는 새로운 차원의 문자성을 보여준다. 그런 점에서 컴퓨터는 새로운 형태의 필기구이다. 전자의 운동을 기반으로 하므로 실제로 쓰이는 글자는 사실 '전자 활자'

인 셈이다. 출력기를 통해 인쇄되기 전까지는 화면으로만 그 가상적인 모습이 보일 뿐이다. 화면도 물리적인 종이를 상징할 뿐이지 우리에게 독특한 질감을 주는 그 종이가 아니다. 컴퓨터에는 사실상 무한의 문서를 입력할 수 있다. 활자도 사실상 무한히 보급될 수 있다. 매우 이상적인 필기도구가 출현한 것이다.

인류의 필기도구는 몹시 우악스러운 돌멩이부터 시작을 한다. 돌에다가 정 같은 도구를 이용하여 글자를 새겼고, 또 지역에 따라 찰흙을 빚어 거기에 뾰족한 작대기로 글자를 적기도 했다. 문자는 돌과 흙에서 시작한 셈이다. 후에 매우 발전한 형태의 필기구로 등장한 것이 동양의 붓이며, 서양의 펜이었다. 근대사회는 필기구의 변신에서 비롯했다. 동서양은 약간의 편차를 두고 다가오는 산업 시대를 예고하는 듯 '공업적으로 만들어진 필기도구'인 활자를 쓰기 시작했다. 그러면서 비슷한 시기에 조선에서 '훈민정음'이라는 새로운 문자가 창안된다.

엄밀히 말해 훈민정음은 새로운 필기도구와 함께 태어났다. 훈민정음의 그 정밀하게 동그란 원, 동그란 점, 직선의 획 등은 활자를 전제하지 않고는 창안될 수 없는 형태의 글자였다. 손글씨로는 다다를 수 없는 기하학적인 도형을 이용했다는 점은, 훈민정음이 처음부터 활자라는 필기구를 염두에 둔 문자였음을 보여준다. '붓글씨 한글'은 매우 오랜 세월이 흐른 뒤에야 형성됐다. 과거의 타자기 시대에는 한글의 모아쓰기가 문자의 기계화를 방해하는 부정적 요소로 지적받았으나, 컴퓨터는 한글의 성질에 성공적으로 적응을 함으로써 한글 모아쓰기의 문제점을 극복하고 오히려 여러 가지 장점을 돋보이게 만드는 계기를 불러왔다.

많은 사람들이 한글과 컴퓨터의 만남에 대해 절묘한 조화와 그 환상적인 기능성에 감탄을 한다. 그러나 냉정하게 뒤돌아본다면 컴퓨터를 통해 가장 큰 승리를 거둔 문자는 알파벳이다. 컴퓨터를 사용하는 모든 사람들은 알파벳을 철저히 무시하거나 우회하고는 컴퓨터가 주는 편의를 누릴 수 없다. 좀 더 정확하게 이야기한다면 알파벳 사용자 가운데 영어 사용자가 가장 결정적인 승리와 이익을 맛보게 되었다. 독일어나 프랑스어, 또 스페인어에서 필요로 하는 그들 특유의 문자나 보조 부호는 컴퓨터 기본 자판에서 전혀 배려받지 못했다. 반면에 영어 사용자들이 얻어낸 문자의 지배력은 진정 결정적이다. 그에 비하면 한글 사용자의 이익은 그리 대단한 것이 아니다. 그런 것으로 지나치게 우쭐거릴 것은 못된다. 컴퓨터의 보급으로 알파벳은 '부동의 세계문자'로 올라섰고, 한글은 무척 칭찬받을 만한 '변두리 문자'가 되었다.

아마도 컴퓨터와 문자의 관계는 점점 더 밀도를 높여가면서 서로 기능하게 될 것이다. 활자(폰트)만이 아니라 서명이나 수결을 위한 손글씨도 반영될 것이고 여백의 활용도 더 편리해질 것이다. 더 나아가 모든 인쇄물을 자유로이 스캔하여 또 다른 성격의 문서를 만들고 그것을 자동번역까지 해내게 된다면, 아마도 그 때에는 출판이라는 작업은 각 개인들의 극히 사사로운 취미 활동이 될 수도 있을 것이다. 다양한 사회통신망의 발달과 함께 각종 출판물과 디지털 문서가 자유로이 날아다니는 세상이 다가오고 있다.

그런 시기가 온다면 아마도 이 세상은 더 이상 시장과 화폐에 의지하여 결속되는 공동체가 아니라, 적어도 지금보다는 '말과 글을 통하여' 서로의 의지와 지향성을 많이 반영하고 배려하는 사회로 한 걸음 더 다가가지 않을까? 어떤 면에서는 더욱 자유롭고, 또 다른 면에서는 언어에 대해 더욱 큰 책임감에 시달릴 가능성이 높은 사회 말이다.

숫자와 단위로부터의
해방

사회가 발전해간다는 뜻은 달리 말해 삶이 점점 더 복잡해져간다는 말이 되기도 한다. 복잡해질수록 알아야 할 정보가 많아진다. 날씨와 관련해서도 옛날에는 덥다거나 춥다거나 하며 일상 언어로 표현했지만, 점점 복잡한 세상이 되면서 각종 수치와 측정 단위가 등장했다. 사실 일정한 현상을 정밀하게 객관화하는 말은 숫자만한 것이 없다. 기온과 체온은 숫자로 몇 도인지를 백분위로 표현한다. 습도는 백분율로, 바람의 속도는 초당 몇 미터, 비가 올 확률은 몇 퍼센트, 기압은 몇 헥토파스칼 등등 양적인 정보를 보여주는 단위가 대단히 많다.

전압은 '볼트', 전류는 '암페어', 전력은 '와트', 주파수는 '헤르츠' 하며 과학 시간에 외웠던 단위들이 우리의 삶을 편하게 해주는 각종 가전제품의 강도, 속도, 전력 소모, 진동수 등을 구체적이고도 과학적으로 알려준다. 이 수치들을 가지고 기계의 성능을 추론해낼 수도 있다.

가전제품과 관련된 수량 단위만 알면 사는 데 더 큰 문제가 없을 것 같았는데, 컴퓨터가 등장하면서 또 새로운 수치와 단위들이 필요해졌다. 컴퓨터 기억 장치의 용량을 나타내는 킬로, 메가, 기가 같은 수 단위가 있다. 이는 사실 물리적 실체를 헤아리는 단위라기보다는 수의 크기를 나타내는 그리스어 숫자를 빌려다 쓰는 말이다. 이런 것들이 우리의 일상을 무수한 숫자로 도배를 한다.

그뿐인가? 길거리의 소음이 심하니 시끄러움을 표시하는 단위 데시벨도 알아야 주거 환경이 어쩌니 하는 말을 이해할 수 있다. 또 요즘은 빛이 너무 밝아서 공해를 일으키기도 하니, 빛의 밝기를 나타내는 럭스도 알아야 한다. 거기에 더하여 오존의 농도는 피피엠이라는 무척 낯선 단위가 사용된다. 우리가 알고 지내야 할 숫자와 단위가 너무 많다.

요 몇 년 사이 미세먼지와 초미세먼지에 많이 신경을 쓰게 되었다. 미세먼지를 측정할 때는 크기를 나타내는 마이크로미터라는 낯선 단위를 쓰지만, 다행히 시민들한테 경고하는 경우는 '좋음'과 '나쁨'이라는 편안한 단어를 쓴다. 무슨 뜻인지 금방 알 수 있다. 그냥 보통 말이기 때문이다. 마치 섭씨 100도를 '물 끓음'으로, 0도를 '얼음 얾'이라고 표시한 것과 같다. 여기다가 기온 40도가 되면 '더위 먹음'이라는 경보 하나 더 넣어주면 뭐 그리 복잡한 숫자와 단위들을 머릿속에 담고 다닐 필요가 있을까?

전문가가 아닌 보통 사람들에게는 숫자와 각종 단위가 결합한 표현보다는 보통 말로 표현하는 것이 더 편하다. 우리의 일상적인 삶에서는 양적인 의미보다 질적인 의미가 더 유용하기 때문이다. 전문가에게는 양적인 정보와 질적인 정보 다 필요하겠지만 보통 사람한테는 질적인 정보만 있어도 충분하다. 소음도 차라리 '시끄러움'과 '조용함', 너무 심하면 '귀 아픔' 정도로 표시해주는 게 훨씬 유용하지 않을까? 오존 농도 역시 '외출 가능', '외출 조심', '위험' 이렇게 표기해준다면 바쁘게 살아가는 사람들한테 얼마나 편리하겠는가?

욕심을 더 낸다면 학교 공부의 평가도 좀 숫자에서 해방되었으면 좋겠다. 왜 군이 백점 만점으로 계산을 하는지 회의가 들 때도 많다. 그냥 5점 만점, 아니면 많아야 10점 만점으로 하는 것이 교사가 구체적으로 인지할 수 있는 투명한 변별력의 한계가 아닌가 한다. 백점 만점으로 계산을 하면 사실 왜 이 학생은 89점이고 왜 저 학생은 90점인지 가르친 사람도 헷갈린다. 그런 것이 두 학생의 운명을 갈라버릴 수도 있다. 다중의 학습자들을 변별력 강하게 차등화시킬 수 있는, 수많은 사람들을 '딱 한 줄로' 순위를 매겨 세울 수 있는 가혹한 평가 도구라고 생각한다.

생활 정보도 숫자에서 벗어난 일상의 보통 말로 표현하고, 학업 평가도 '조금 더 노력', '지난 학기보다 좋아짐', '방정식 연습 조금 더 열심히', 이런 식으로 가르치거나 평가하면 안 될까? 오로지 숫자만이 객관적이고, 객관적인 것만이 삶의 질을 개선하는 걸까?

맥주 한 개,
담배 두 개

많고 적음을 알게 하는 '양의 세계'는 숫자나 수관형사, 그리고 수량 단위의 결합으로 나타낸다. 숫자는 '하나, 둘, 셋, …' 하면서 양을 세어나가는 낱말들을, 수관형사는 숫자 다음에 그 양을 헤아리는 단위가 붙을 수 있게 숫자를 관형화시킨 '한, 두, 세, 네'와 같은 말을 뜻한다. 그리고 이 숫자나 수관형사를 뒤따르며 양을 세는 덩어리의 크기를 나타내는 수량 단위가 있다.

수량 단위는 널리 알려진 '킬로그램, 리터, 센티미터'처럼 국제적으로 표준화가 된 것도 있으며, 우리가 편안하게 사용하는 '명, 마리, 개'처럼 각각 사람 수, 짐승의 수, 사물의 수를 세기 위한 것도 있다. 수량 단위 가운데에는 보통 사람은 설명을 들어도 잘 모르는 '베크렐'이니 '칸델라'니 하는 것들도 있지만, 일상생활에서 긴요하게 쓰이는 단위들이 퍽 많다. 가장 흔한 것이 앞에 언급한 '명, 마리, 개'일 것이다. 그 외에도 장소를 세는 '군데', 책을 세는 '권', 길쭉한 막대기 같은 것을 세는 '자루' 등 헤아릴 수 없이 많다.

언제부터인지 한국어에서 이 수량 단위가 점점 단순해지고 있다. 책을 '한 개, 두 개' 하며 세는 방식도 퍽 흔해졌고, 식당에서 "맥주 다섯 개요?" 하고 되묻는데 아무도 이상해하는 것 같지가 않다. "쟤네 집에는 차가 세 개나 있대"라는 말도 흔히 듣는다. 그러다 보니 "잠시만요, 담배 한 개 사올게요"에서의 '개'와 "하루에 담배를 스무 개나 피워요?"에서의 '개'가 서로 다른 양을 가리키고 있다는 것을 별로 의식하지 못하는 것 같다. 수량과 관련된 정보 교환이 점점 흐릿해지고 있는 셈이다. 물론 그렇다고 해서 못 알아듣는 것은 아니다.

단위에 더욱 신경을 써야 할 때도 있다. 신문 한 '부'와 신문 한 '장'은 그 양의 크기가 근본적으로 다르다. 그러나 조금만 신경 쓰면 잘 구별할 수 있다. 책 한 '권'과 한 '질' 역시 그리 어려운 말은 아니다. 그런데도 종종 한 질이란 말이 생각나지 않는지, 한 '시리즈'

라고 하는 사람도 있다. 왜 저런 단위를 사용할까 하고 의아한 경우도 있다. 신문 경제면에서 다량의 상품을 말할 때 낯선 한자어 어휘를 쓰는 경우가 있다. 운동화를 몇 '켤레'가 아닌 몇 '족(足)'이라고 세거나, 물고기를 '마리'로 세지 않고 '미(尾)'로 표현하는 식이다. 일본식 신문 기사 작성법의 영향이 아닐까 한다.

우리가 전통적으로 수와 양을 헤아릴 때 썼던 말에도 다양한 변이가 있었다. 즉 수량 단위에 따라 수관형사가 조금씩 달랐다. 예를 들어 옛 도량형이었던 '돈, 말, 푼' 따위에는 셋이나 넷을 쓰지 않고 '서'와 '너'를 써서 '서 돈/너 돈, 서 말/너 말, 서 푼/너 푼'이라고 했고, '냥, 되, 섬, 자'와 같은 수량 단위 앞에서는 '석'과 '넉'을 써서 '석 냥/넉 냥, 석 되/넉 되, 석 섬/넉 섬, 석 자/넉 자'라고 했다. 그 외에도 물잔이나 술잔을 세는 '잔', 기계 따위를 세는 '대', 종이 장수를 세는 '장', 날짜를 세는 '달' 등도 '석 잔/넉 잔, 석 대/넉 대, 석 장/넉 장, 석 달/넉 달'처럼 특이한 형태를 취했으며, 현재도 '공식적인 표준어'에 올라 있다. 이러한 변이형들을 꼬박꼬박 사용하기가 불편했는지 요즘 주변을 살펴보면 잘 알 만한 중년 성인들도 그냥 손쉽게 '종이 세 장'이라든지 '커피 세 잔'처럼 그저 편한 대로 말하고 있다. 수량 단위도 웬만한 것은 모두 '개'로 통일이 된 듯, '볼펜 세 자루'가 아니라 '볼펜 세 개'라고들 한다.

더 나아가서 한국어의 특색이라고 할까, 특히 숫자를 표현하는 수 어휘가 매우 복잡하기 때문에 나타나는 불편함도 있다. 토착어 숫자와 한자어 숫자가 병존하기 때문이다. 그러다 보니 한국어를 배우는 외국인들에게는 어려운 고빗길이 된다. '칠 년'을 '일곱 년', '세 권'을 '삼 책'이라고 하면 틀린 것이라고 일러주면서도, 한국어가 너무 까다로워 미안한 마음이 든다. 어떤 경우에 토착어 숫자를 쓰고 또 어떤 경우에 한자어를 써야 하는지 규칙화해서 설명하기 어렵기 때문에 더욱 곤혹스럽다. 시간을 말할 때는 '한, 두, 세, 네'이고, 분이나 초를 말할 때는 '일, 이, 삼, 사'이니 그냥 우격다짐을 해야 한다.

종종 토착 숫자와 한자어 숫자가 기능적으로 분화되는 경우도 발견된다. '육학년'이라 하면 여섯 번째 학년이란 뜻을 잘 보여주고, '여섯 학년'이란 말은 여섯 개 혹은 여섯 번의 학년이라는 뜻이 더 잘 드러난다. 하지만 그 규칙성을 자신 있게 설명하기는 쉽지 않다.

언어는 오랜 역사가 쌓이면서 더께가 끼고 나이테가 굵어져 간다. 그러다 보면 그 규칙에서 불필요하게 까다로운 부분이 생길

수 있다. 거추장스러워 보이면서도 한편으로는 언어의 완결성과 자기다움을 보여주는 장치라고 할 수 있다. 이런 장치를 계승하게 하는 것이 국어교육의 한 부분이라고 생각한다. 언어 규칙의 계승을 점점 소홀히 하면서 삶의 속도와 효율성만 추구한다면, 불필요한 듯하면서도 자기답게 만들어주던 장치와 사용 방식들이 망가져간다. 의미와 용법의 차이가 발생하지 않는 한 편리함과 간결함을 기준으로 언어의 모습을 거침없이 탈바꿈시키는 모습을 보면, 언어도 그냥 편리하게 사용하고 내버리는 일회용 소모품이 되어가는 느낌이다.

'국민 정서'라는
핑계

'국민'이라는 말이 들어간 단어들은 비교적 중요한 개념 혹은 감정을 담고 있는 경우가 많다. '국민소득, 국민국가, 국민개병제, 국민연금' 같은 단어들은 우리의 삶을 유지하거나 발전시키는 일에 중요하게 사용되는 말이다. 감정을 담은 말로는 '국민 배우, 국민 가수, 국민 동생, 국민 스타' 같은 말들이 있다. 국민들의 여러 가지 애환과 정서를 내보이는 단어들이다.

그런데 국민이 들어간 말 가운데 약간 천덕꾸러기 같아 보이는 말도 눈에 띈다. 바로 '국민 정서'라는 말이다. 특히 정치인들과 언론인들한테서 제대로 대우받지 못하는 대표적인 말이 되어버렸다. '국민 정서'라는 말은 국민이라는 집단을 별 생각도 없고 홧김에, 혹은 충동 때문에 비합리적인 행동을 일삼는 사람으로 보는 시각을 담고 있다. 그래서 주로 정치인들과 언론인들이 국민들의 비합리적인 욕망이나 타성 때문에 어쩔 수 없이 그릇된 정책을 시행하게 될 위험을 경계하는 말로 자주 쓴다.

그런가 하면 적당히 시간만 끌다가 '국민 정서'를 핑계로 뭉개버리는 일도 왕왕 벌어진다. 세월호 사건의 처리 과정에서도 이런 면이 나타났다. 여야가 서로의 정책을 공격할 때 명분이 마땅치 않으면 쉽사리 '국민 정서'라는 말 뒤에 숨어버린다. 생소하고 낯선 성 소수자 축제를 놓고 아직 '국민 정서'가 용납하지 않는다고 말하는 것도 바로 그에 해당하는 행태이다. 곧 정치인들에게 '국민 정서'는 다양하게 쓰인다. 부담스러운 일 앞에서는 국민 정서에 지나지 않는다고 평가절하를 하고, 자기네가 원하는 일 앞에서는 국민 정서를 존중해야 하지 않겠냐고 핑계를 댄다. 하기 귀찮은 일 앞에서는 국민 정서 때문에 뒤로 미루겠다고 한다. 국민 정서도 참으로 복잡하지만 그것을 이용하는 정치인들의 수도 참 교묘하다.

또 큰 부정을 저지른 기업인을 사면해주거나 집행유예로 봐

주거나 해서 비판 여론이 들끓을 때는 어떤가. 그러면 마치 국민들이 질투가 나서 사면이나 석방을 반대하는 양, 국민 정서 때문에 경제 활성화가 잘 안된다는 듯, 그 때문에 국내의 경제적 어려움이 가중되고 있는 듯 말하는 데 쓰이기도 한다. 이 단어의 용법을 들여다보면, 정치인이나 공무원들은 냉정하고 이성적이며 더 높은 가치를 위해 현실적 이익을 포기할 줄 아는 역할을 맡고 있는 데 반해, 국민은 늘 감정적이고 코앞의 이익 때문에 큰일을 그르치기만 하는 우매한 이의 역할을 맡고 있다.

사람의 정서는 환경과 자극에 따라 부단히 변하게 마련이다. 군중의 분노나 조급함 모두 어떠한 환경과 자극의 산물이다. 그러므로 국민의 정서에 대한 올바른 태도는 그 분노와 속상함의 구조적 원인을 파악하여 문제 해결의 실마리를 찾아내려는 데에 있다. 그러지 않고 국민의 의견이 정리되지 않았다는 이유로 배제한다면, 문제의 해결을 기피하는 행위와 다를 바 없다.

국민은 다양한 성격으로 구성된 복합적인 집단이다. 그러니 국민이 품는 정서가 딱 한 가지라고만 할 수도 없다. 정책 기획자들은 따라서 이러한 '정서' 속에서 '여론'을 찾아내야 한다. 그러기 위해서는 국민의 감성 속에 묻혀 있는 '의견'을 발견해내는 것이 중요하다. 그 의견을 모아 의사결정 과정에 올려 태우도록 해야 하는 것이 언론 매체와 의회의 책임이 아닌가.

국민의 반응을 의견으로 받아들여 논의할 생각은 하지 않고 '별 의미가 없는 정서'라고 내뱉는 것은 국민의 의견이 지니고 있는 복합성과 복잡함을 핑계로 그들을 모욕하고 빈정거리는 것이다. 더 나아가 국민의 분노와 외침에 파묻혀 있는 '공적인 의견'을 '사적인 정서'로 왜곡하는 일이다. 국민 정서니 떼법이니 하는 말이 쓰이는 맥락은 그렇기 때문에 반국민적이며, 그 속에 옳지 못한 언어 사용의 병폐가 숨어 있다.

공공 영역에서 옳고 그름을, 또 책임의 소재를 밝히는 공공 언어는 그 사회적 의미와 용도가 분명해야 한다. '국민 정서'라는 말처럼 필요에 따라 엿가락처럼 임의로 쓰이는 언어는 정치인이나 언론인들이 각별히 삼가야 할 말이다.

쌤은
죄가 없다

우리가 사용하는 말이 적절치 못하다는 생각이 들 때 개선된 표현으로 바꾸려고 하는 것은 아주 자연스러운 현상이다. 그러나 "누가, 어떻게 주도할 것인가?"라는 물음을 던지면 제대로 된 답안 찾기가 만만치 않다. 예를 들어 "정부 기관이 하면?" 하고 생각을 할 수도 있다. 정부 기관은 공공 조직에서 사용하는 말은 바꿀 수 있다. 그러나 일상에서 쓰는 말을 정부가 바꾼다는 것은 그리 적절해 보이지 않고 쉽게 성공할 것 같지도 않다.

정부나 이에 준하는 기관의 일 처리 방식은 민간 부문과는 달리 공감을 사지 못하는 경우가 참 많다. 관청에 앉아서는 하루하루 살아가는 일상인들의 마음과 태도를 알아내기 쉽지 않은 모양이다. 더구나 말을 손질한다는 것은 대중의 일상생활에 개입하는 활동이다. 여간 중요한 정당성이 없다면 일상사 개입은 정말 쉬운일이 아니다. 길에서 담배 피우는 것을 단속하는 일이 쉽지 않은 것과 같다.

한국어의 복잡하면서도 비합리적인 호칭 체계에 대한 문제 제기에 호응하는 시도가 많아지는 것은 퍽 반가운 일이다. 하지만 아직 지나치게 서투른 방식으로 접근하고 있는 것 같다. 행정 기관에서 하는 정책이 지나치게 권위적이어서 문제인 적은 많았지만, 반대로 비권위적으로 하려다가 오히려 일을 그르치는 경우가 한 지방 교육청에서 일어나버렸다.

서울시교육청이 '조직 문화 혁신 방안'을 마련했는데 언어와 연관되는 내용으로 '수평적 호칭제'라는 것이 있었다. 학교 안에서는 서열이나 차별이 없는 평등한 호칭을 사용해보자는 좋은 취지로 보인다. 처음에는 교사와 학생 간에 서로 별명을 사용하며 수평적 호칭을 쓰자는 제안으로 알려져 비판이 쏟아졌다. 학교에는 호칭에 영향을 주는 두 가지의 (사회적) 층위가 있다. 이 층위는 서로 다른 세 가지의 층위 간 관계를 가진다. 교사들 사이, 학생들 사이, 그리고 교사와 학생 사이. 여기서 수평적 대화가 쉽게 이루어지는 곳은 교사들 사이와, 학생들 사이이다. 곧 교사들끼리는 선후배나 나이와 경력 차이를 고려하지 말고 모두 '선생님'이라는 수평적 호칭을 사용하자고 한다면 성공 가능성이 높다. 또 그것은 이미 보편화된 소통 방식이기도 하다. 그러나 학생들 사이에서 동급생들이라면 이미 그렇게들 하고 있겠지만, 학년 차이가 있는 학생들한테 나이와 무관하게 맨이름만 쓰라고 하면 매우 어려운 상황이 되어버릴 것이다. 아직 우리 사회에서는 가정 안에서 손위 형제의 권위를 강조하고 있는 편이기 때문이다. 학교에서는 말을 놓고 집에서는 서열을 따라야 하는 언어 규범이라면 유지되기 쉽지 않을 것이다.

그런데 교사들 사이, 혹은 교사들과 행정부처 사이의 호칭을 수평화하자는 것이라면 중요한 의미가 있다. 우리의 호칭 체계가 사회 구석구석 권위의식과 차별의식을 뻗어 나가게 하는 넝쿨손이 되어버린 만큼, 교육계가 시범을 보이자는 뜻은 획기적이다. 서울시교육청은 수평적 호칭을 위해 구성원들끼리 '-쌤' 또는 '-님'으로 부르자는 안을 발표했다. 의도는 좋았으나 그 과정이 무척 서툴러서 여론의 비판을 받아야 했다. 교사들 사이에서는 이미 '선생님'이라는 호칭이 범용화되어 있다. 그러니 권위적으로 보이는 '장학관님'이라든지 선생님이란 말 앞에 '교장, 교감, 주임' 같은 직위를 붙이는 호칭을 삼가도록 하는 '공공 용어 개선'을 추진했다면 더 효과적이었을 것 같다. 그런데 여기에다가 일종의 통속어인 '쌤' 같은 말을 예로 든 것은 어처구니없는 패착이었다.

물론 통속어는 규범적 언어도 아니지만 금기어도 아니다. 서로 마음이 통하면 쓸 수도 있는 말이다. 그런데 그런 말을 '공문서'에 문서화했다는 것은 감성적 언어를 참 무신경하게 다룬 것이다. 종종 졸업생들이 스승의 날에 옛 은사에게 다정한 편지를 쓰면서 이 단어를 쓰기도 한다. 무척 정겨운 말이다. 그러나 이것을 '규범화'시켜 공식적인 공용화를 '행정적 지도'를 통해 사용하게 한다면, 이제 이 단어를 함부로 입 밖에 꺼내기도 어렵게 될 것이다. 교육감의 말처럼 교사들을 중심으로 수평적 호칭을 '공적인 용도로' 사용하도록 노력하고 교사와 학생 사이는 '사적인 분위기로' 다정한 호칭을 쓸 수 있는 기본 환경부터 조성해야 한다. 감성적 언어를 공문서를 통해 하명하려고 했다는 그 발상 자체가 너무 답답하다.

거북해진 말,
어버이

말의 용도를 확장하여 넓은 의미로 쓰다 보면 정말로 그 뜻에 변화가 생긴다. '사모님'은 뜻으로 보자면 스승의 부인을 가리키는 말이다. 그러나 대상을 넓혀서 사용하다 보니까 이제는 스승과 하등의 관계가 없는 경우에도 나이 들어 보이는 여성을 우대하는 호칭으로 쓰이고 있다. '선생님'이란 호칭도 마찬가지이다. 웬만한 사람들한테 두루 가져다 붙여도 별로 이상할 것이 없는 말이 되었다. 별다른 이의 제기도 없다. 둘 다 좁은 범위에서 쓰이던 말들이 점점 더 의미의 폭을 넓혀간 경우들이다.

'어르신'이란 말도 쓰임새가 달라졌다. '어르신'은 '어른'이란 말의 존칭이었는데, 얼마 전부터 '노인'에 대한 존칭으로도 대체되기 시작해서 요즘은 그리 어색하게 들리지도 않는다. 의미의 변화는 여기에 그치지 않는다. '이모'라는 말은 어머니의 자매만을 일컫지 않으며, '언니'라는 말은 더 이상 여성의 손위 자매만을 가리키지 않는다. 좋게 말해 의미가 풍부해진 것이다. 그리고 인간 관계를 더 다양하게 표현할 수 있게 되었다.

이모와 언니는 앞에 든 어르신의 경우와는 조금 다르다. 사모님이나 선생님, 그리고 어르신은 더 존대를 해드리기 위해 쓴 말이고, 이모와 언니는 섭섭해하지 않도록 달래는 표현 같아 보인다. 둘 다 열악하거나 불리한 입장에서 일하는 여성들에게 조심스럽게 사용하는 호칭이다. 그리고 의미의 출발은 '혈연 중심'이다. 비록 혈연은 아니지만 혈연 못지않게 대해주겠다는 암시가 들어 있는 것 같다.

이는 남편을 '오빠'라고 부르는 용법과는 또 다르다. 오빠라는 말에는 누이동생처럼 당신을 의지하겠다는 함의가 들어 있다. 남편이라는 말에 비해 무겁지 않은 느낌을 주는 동시에, 남성의 '우위'를 어느 정도 보전하고 있는 표현이다. 부부 사이의 호칭인 '여보'니 '당신'이니 하는 말은 무언가 낡고 고전적으로 느껴지고, 그렇다고 적절한 대안 어휘가 발견되는 것은 아니고 하니까 '오빠'와 같은 말들이 사용되는 것 같다. 만약 여성이 손위일 경우에는 그것도 좀 겸연쩍은 말이 되지만, 일종의 의미 확장 현상이라고 그럴듯하게 이해해줄 수도 있다.

　이처럼 가족 중심의 호칭이 사회적 호칭으로 전용되는 현상은 꽤 범위가 넓다. 낯선 중년에게 아저씨, 아줌마를, 노인들에게는 할아버지, 할머니를 호칭으로 사용한 것은 꽤 오래된 말버릇이다. 최근에 생긴 남성 친족 명칭의 의미 변화는 '삼촌'과 '아재'가 한몫을 하고 있다. 통속적으로 [삼춘]에 가까운 발음을 하는 '삼촌'은, 주인이나 집안 어른의 선량한 보조자라는 뜻을 많이 드러내고 있다. 일부 영업소에서 사장의 충직한 집사 역할을 담당하는 사람들 말이다. 그에 비해 '아재'는 '삼촌'과 비슷한 연배인 듯 싶으면서도 다른 의미 영역을 차지하고 있다. 나이는 그리 많다고 볼 수 없는데, 나이 든 세대와 더 가까운 사람이라는 뜻을 보여준다. 주로 젊은 세대들이 한물 간 선배 세대를 놀리거나 답답해할 때 사용한다.

　또 다른 영역에서 독특하게 사용되는 바람에 부담스러운 의미를 갖게 된 말이 있다. 역시 가족 명칭에 속하는 말로, 이제는 예스러운 말이 된 '어버이'가 여기에 해당한다. 이 말은 부모를 뜻하는 말이다. 부모라는 말보다 더 정감 있는 말이기도 하다. 이 단어도 상당한 변화를 겪고 있다. 특히 북녘 사회에서는 정치적 존경의 뜻을 포함하여 특정 인물을 가리킬 때 '어버이'라는 말을 사용한다. 원래 있던 '부모, 양친'이라는 뜻이 없어진 것은 아니지만 한 단어에 두 가지 뜻이 깃들게 된 것이다.

최근 몇 년 사이 어버이라는 말이 남쪽에서도 또 다른 정치적 의미를 획득했다. 보수적 사회운동에 열렬히 참여하는 어르신들의 단체명에서 비롯했는데, 이제는 거의 사회적 상징성을 지닌 단어가 되어버린 것 같다. 남과 북에서 묘하게도 동일한 어휘가 전혀 다른 함축적인 정치적 의미를 품게 된 것이다. 그에 따라 정감 어린 그 말이 웬일인지 매우 긴장되고 조심스럽고 거북하게만 느껴진다.

결과적으로 '어버이'라는 말은 어느새 남과 북에서 무언가 권위적이고 완고한 의미를 품은 어휘가 되어버렸다. 제대로 된 의회 민주주의라면 정당하게 개념화된 어휘로 정치적 가치를 당당히 드러내는 것이 옳다. 비정치적이어야 할 '어버이'라는 말이 정치적인 함의를 얻게 되는 것은 아직 우리가 정치를 정직하고 마음

편하게 이야기하지 못하는 탓이다. 남과 북의 관계가 더 나은 민주주의를 토대로 새로워질 필요가 있다. 그래야 삶을 다정다감하게 만들던 어휘가 갑자기 대립을 상징하는 정치적인 말로 변하지 않을 것이다.

남의 표준어,
북의 문화어

한국어의 기본 규범이라고 할 수 있는 한글맞춤법의 통일(안)은 1933년에 완성되었고, 표준어 사정은 1936년에 이루어졌다. 그 후 여러 가지 우여곡절과 자잘한 변화를 겪으면서 광복 및 분단 이후까지 유지되고 있었다. 그러다가 북에서 1954년에 조선어철자법을 제정하면서, 공통의 맞춤법에 큰 변화가 나타나기 시작했다. 바로 이때 북쪽의 맞춤법에서는 어두에 'ㄹ'과 'ㄴ'을 표기하기 시작했다. 이른바 두음법칙을 표기에 반영하지 않게 된 것이다.

그러나 더 큰 변화는 1960년대에 들어서면서 확대되었다. 이때는 중국과 소련이 이념 논쟁을 하면서 사회주의권의 갈등이 표면화되던 시기였다. 사회주의권이 모두 '친중'과 '친소'로 갈라진 틈새에서 중도 노선을 취하던 북한 당국은 이른바 '주체'를 선언했다. 그러면서 남한의 대외 의존성을 비판하고, 특히 무분별한 외래어 사용을 지적하며 이 이상 서울말이 표준어가 될 수 없음을 선언했다. 그 후 1966년에 평양말을 기준으로 하는 '문화어'를 제정하였다. 이로써 서울말 중심의 변이는 표준어, 평양말 중심의 변이는 문화어라는 이름으로 정착된 것이다.

평양말을 기준으로 한다고 하는 바람에 오해도 생겨났다. 전통적인 평안도 방언처럼 '정거장'을 [덩거당]이라고 하는 식의 사투리를 문화어라고 잘못 알고 있는 경우가 그것이다. 문화어는 과거 반공 영화에 나오던 억센 억양의 평안도 사투리와는 크게 다르다. 북의 문화어는 20세기 중반 즈음에 중부방언하고 매우 비슷해진 상태의 평양말을 기준으로 한다. 따라서 남쪽의 표준어하고 큰 차이가 없고, 어휘 및 억양의 차이가 조금 드러나는 정도이다. 남과 북의 정상들이 만나 이야기 나눌 때 들리는 약간의 어휘와 억양의 차이 정도에서 크게 벗어나지 않는다고 보면 될 것이다.

또 정책적으로 어려운 한자어를 많이 줄이고 순화했기 때문에 비록 남쪽의 우리에게는 다소 생소하게 들릴 수도 있지만 의미

파악에는 별문제가 없다. 큰 차이라고 한다면 두음법칙이라는 것 때문에 남쪽에서 '노인, 여성'이라고 하는 말을 '로인, 녀성'이라고 하는 정도이다. 그것 역시 알아듣는 데는 큰 문제가 없다. 사실 남쪽에서도 외래어에는 말머리에 '로켓, 뉴스'처럼 'ㄹ'이나 'ㄴ'이 얼마든지 나타난다.

표준국어대사전을 찾아보면 북의 문화어를 '북한어'라는 용어로 설명하고 있다. 자칫 북한에서 사용하는 별개의 언어라는 식으로 해석되기 쉽다. 북한의 문화어는 한국어에서 벗어난 별개의 언어가 아니라, 북쪽 변이형을 참조해서 정리한 '규범 체계'일 뿐이다. 그러므로 북쪽에서 사용하는 말은 북한어라고 부르는 것보다 문화어라고 부르는 것이 더 정확하고 옳다고 생각한다.

남과 북의 만남이 있을 만하면 서로 언어가 달라졌을 텐데 의사소통이 잘 안되면 어쩌나 하는 걱정도 많아진다. 워낙 오랫동안 분단되어 있었으니 하는 말들이다. 사실 북쪽 사람들의 말을 들어보면 좀 어색하거나 '티'가 나는 경우가 있기는 하다. 그러나 다시 생각해보면 우리는 어느 특정 방언 지역 출신이나 국외 동포들의 말에서 느끼는 약간의 어색함만 가지고 언어가 달라졌다고까지는 하지 않는다. 말하는 사람의 특이한 말버릇 정도로 느끼는 것이 대부분이다. 그러면서 북에서 쓰는 말을 가지고는 유독 예민하게 무언가 이질감을 느끼거나, 느끼려고 한다.

북한의 말에서 이질감이 강하게 느껴지는 부분은 일상 어휘가 아닌 사회정치적 표현들이다. 국회 격인 '최고인민회의'라든지, 예비군에 해당하는 '로농적위군'이라든지, 국방부와 같은 개념인 '인민무력부', 사회주의 농업 단위인 '협동농장' 등은 마치 완전히 딴 세상을 가리키는 말처럼 들려 생소하기 짝이 없다. 반대로 우리가 사용하는 '부동산 투기, 대학 서열, 언론 플레이, 사채 이자' 같은 말들을 북쪽 주민들이 들으면 얼마나 난감할까?

반면에 일상어는 그리 큰 차이가 없다. 옛날의 평안도 방언은 서울말과 차이가 많았지만, 이미 20세기 초부터 평양을 중심으로 중부방언과 합류를 했기 때문에 '이질화'라는 말은 그리 적절치 않다. 그러나 종종 두메산골의 강한 사투리가 혼동을 일으키기도 한다. 1990년대 초 북의 한 인사가 남쪽의 기자에게 "집에 인간이 몇이오?"라고 물어서 "북한은 이제 유물론 사상에 젖어 가족도 인간이라 부른다"는 오보를 내기도 했다.

북한의 방언학 서적에는 "아직도 평안북도 산골에서는 '식구'를 '인간[잉간]'이라고 부르는 경우도 있다"는 구절이 나온다. 유물론의 문제가 아니라 우리의 낯설어진 관계가 더 문제였을 뿐이다.

좀 더 자주 만나고 함께 문제를 풀어가다 보면 이 모든 것이 지난

날의 '추억의 말실수'로 기억되는 '좋은 날'이 오지 않을까 한다.

귀순, 의거,
망명

남과 북이 증오에 익숙해진 지 퍽 오래다. 그래도 근간에는 같은 말도 어느 정도 가려가며 쓰려는 것 같아 다행이다. 한때는 '괴뢰'라는 말을 썼다. 그것도 남이 북에게, 북도 남에게 서로를 향해 썼던 말인데 어느 결엔가 그 말은 사라져버렸다. 티격태격하다가 또다시 쓰게 될지도 모르지만, 되도록 그런 말은 재사용하지 말았으면 한다. 괴뢰는 꼭두각시란 뜻인데, 요즘 북한 정책은 아무리 봐도 너무 뻣뻣해서 그렇지 누군가의 꼭두각시인 것 같지는 않다.

분단은 이산가족만 만들어내지는 않았다. 잘 쓰던 말도 어느 정치 체제냐에 따라 남의 말처럼 생각해버리기도 했다. 임시정부 시절에 김구 선생은 국무위원회 '주석'이었다. 그러나 분단 이후 이 '주석'이라는 직책과 명칭은 점점 낯설어졌고, 어느샌가 홀연히 자취를 감추고 말았다. 언어는 어찌 보면 매우 보수적인 것 같기도 하지만, 또 어떤 면에서는 무척 눈치가 빠른 편이다.

'동무'라는 말도 꽤 자주 썼던 말인데 언제부턴가 데면데면해 졌다가 거의 사라져버렸다. 종종 '어깨동무'라는 말에서 들리거나 '동무 생각'이란 노래 제목으로 듣게 되는 정도이다. '인민'이란 말도 좀 그렇다. 뭇 사람들을 가리켜 일컫기에 좋은 말 같은데 이제는 무언가 퍽 거북한 말이 되어버렸다. 분단이 되면서 사람들이 눈치껏 쓰지 않게 된 말들이다. 광복 직후만 하더라도 특정한 정치 노선과 관계없이 편안하게 쓰던 말들이었다.

오래간만에 남과 북이 만나 회의도 하고, 식사도 같이 하고, 운동경기도 하다 보니 익숙하지 않은 단어들이 종종 눈에 띈다. 그동안 '한국과 북한' 하는 식의 어색한 표현을 자주 썼는데, 양측의 당국자들이 만나 이야기할 때 '남측'과 '북측', 그리고 서로 상대방을 '귀측'이라고 한다. 우리가 '남조선'이라는 말을 달가워하지 않듯이 북측에서는 '북한'이라는 말을 내켜하지 않는다. 그것을 배려한 표현일 터이다.

남과 북의 순서도 다르다. 남측은 양쪽을 일컬을 때 '남북'이라는 말을 즐겨 쓰지만, 당연히 북측은 '북과 남' 혹은 '북남'이라고 한다. 사실상 두 국가이면서, 상대방을 국가라고 부르는 일을 저어한다. 중국 대륙과 대만도 서로의 문제를 '양국'이 아닌 '양안 문제'라고 부르는데, 그 심정과 비슷하다. 그러다 보니 남에서 북으로 가는 일을 '방북', 북에서 남으로 오는 것을 '방남'이라고 하게 되는데, 그것 역시 여간 어색하지 않다. 비정상적인 것을 정상적인 것처럼 시치미 떼려 하니 점점 더 어색한 말이 나오는 것이다. 이뿐만 아니라 도라산에서 육로로 경계선을 넘을 때는 국경이 아니라 그저 그런 '경계선'을 넘는다는 듯이 '입경'과 '출경'이라는 말을 쓴다. '입국'이니 '출국'이니 하는 말이 껄끄럽기 때문이다. 사실상 분단되어 두 개의 나라 구실을 하면서도, 그것을 '사실'로 확인하는 말에 대해서는 감성적으로 불편해하는 것이다. 더구나 남과 북의 공동 행사라는 것이 늘 하다 말다 하고 있으니 안정적인 어휘와 표현이 형성될 틈이 없다.

이렇게 어중간한 말 때문에 불편이 생기는데, '월북하는 사람'과 반대로 '월남하는 사람'을 대할 때면 더욱 그러하다. 요즘은 월남하는 사람을 아예 '탈북자'라는 독특한 범주로 일컫는다. 분단된 지 70년이 지났는데 그동안 도대체 몇 명이나 북에서 남으로, 혹은 남에서 북으로 삶터를 바꿨을까? 철책선을 둘러보면 도대체 이렇게 엄중한 차단선을 어찌 감히 넘어갈 엄두를 냈는지 믿어지지가 않는다. 그럼에도 그것을 넘었다면 필경 깊은 곡절과 사연이 있었으리라.

우리는 북에서 남쪽으로 넘어오는 것을 '귀순'이라고 한다. '반역의 진영'에서 마음을 바꿔 '순종'을 하러 돌아왔다는 뜻이다. 반대로 남에서 북으로 넘어가는 것을 북에서는 '의거'라고 한다. '정의로운 행동'이라고 해석하는 것이다. 이 얼마나 주관적인 이름 짓기인가? 적대적인 쪽으로 국경을 넘는 것은 비상한 각오 없이는 불가능하다. 또 그럴 만한 절박함도 있어야 한다. 그런데도 그것을 '순종'이나 '정의'라는 단순 유치한 개념으로 묶어버리는 일은 온당한 언어 사용이 아니다. 그냥 정치적으로 이용하겠다는 말에 지나지 않는다.

임의로 국경선을 넘는 것은 정확하게 표현하면 '망명'이다. 그리고 그 배경에는 복잡한 '정치성'과 개인의 '내면적 아픔'이 뒤엉켜 있을 것이다. 우리가 민주 사회를 지향한다면 북에서 오는 사람들이 배가 고파 왔건, 철학적 근거를 가지고 왔건 '망명자'라는 객관적 신분과 그에 걸맞은 법적 보호를 해주는 것이 정상이다. 올바른 명칭과 올바른 법적 대우, 그리고 인간적인 존중, 이것이 분단된 반쪽 부분을 향해 행해야 할 바른 언어 사용이다.

연변말이
품고 있는 것

우리 동포들이 널리 퍼져 사는 지역으로 일본, 미국, 독립국가연합(구 소련), 그리고 연변이 있다. 그중에서도 재외 동포 인구수가 특히 많은 곳이 연변이다. 연변은 우리 땅과 가깝기도 하다. 그러니 만큼 우리가 남들보다 더 잘 알아야 할 텐데, 사실 더 잘 모르는 것이 많은 것 같다.

많은 사람들이 '연변'이라는 지명을 들으면 마치 한국의 주변부처럼 가볍게 생각하는 경향이 있다. 이곳은 식민지 시대에는 '간도'라고 불렸으며 독립운동의 본거지 역할을 했다. 또 우리 동포가 힘겹게 유랑 생활을 겪었던 곳이기도 하다. 분단 이후 오랫동안 연변과 한국 사이에는 길이 끊겨 있었다. 그랬는데 이제 우리와 직접 연결이 되어 서로 자주 왕래도 하고 사업이나 학업도 함께할 수 있게 되었으니, 작으면서도 귀중한 발전이다.

종종 연변 동포들의 언어를 방언의 한 종류처럼 생각하는 경향이 있다. 그러나 서울말, 평양말, 연변말의 차이는 그리 심하지 않다. 기본 문법의 구성도 큰 차이를 보이지 않는다. 단지 억양, 강약, 선호하는 단어 등에는 차이가 있다. 차이라기보다는 특색이라고 해야겠다. 우리가 영어나 일본어에서 온 외래어를 많이 쓰듯이, 그들은 중국어에서 온 외래어를 꽤 쓴다. 말투는 비록 방언처럼 들리지만 체계화가 되어 있고, 그 용법은 독자성이 있다. 어휘는 북쪽의 방언을 닮은 것도 있지만 중국어에서 온 것도 꽤 된다. 그들은 중국의 명절도 즐기고 우리 민족의 전통 명절도 지킨다.

이곳에서는 술자리에서 잔을 들자는 뜻으로 '냅시다'라고 하고, 쭉 들이켜자는 뜻으로 '합시다'라는 말을 한다. 또 나이 드신 분들한테 오래 장수하시라는 뜻으로 '오래 앉으십시오'라고 한다. 노년에 꼿꼿하게 앉아 있다는 것은 건강의 징표이다. 반대로 자주 눕게 되면 건강이 오래가기 어렵다. 어찌 보면 '만수무강하십시오'라는 말이 과장된 수사적 표현에 가깝다면 '오래 앉으십시오'

는 연말연시에 웃어른들한테 쓸 수 있는 꽤 사실적인 인사라고 할 수 있겠다.

흥미로운 것은 연변에는 지역 자체의 음악과 민담이 있다는 점이다. 노래방에 가보면 남과 북의 노래와 연변 노래가 가지런히 준비되어 있다. 미국이나 캐나다에 사는 동포들이 자신의 노래나 민담을 가지고 있다는 말을 들어본 적이 있는가? 그만큼 연변은 자체의 문화적 자생 능력을 갖추고 있는 지역이다. 게다가 일부 지명은 중국어가 아닌 우리 언어로 되어 있다. 연길 시내를 흐르는 강의 이름이 중국어로 '부얼하퉁허(布爾哈通河)'이고 만주어로는 '부르하투 비라(Burhatu Bira)'라고 한다. 만주어의 '부르하'는 버드나무를 말하는데, 그곳의 조선족 원로들은 그 강을 '버들내'라고 부른다. 한국어와 중국어, 그리고 만주어를 이어주는 다리 구실을 하고 있는 셈이다.

연변은 또 우리에게 마음 묵직하게 다가오는 백두산 자락에 자리 잡고 있다. 당연히 백두산은 옛날이야기를 가지고 있다. 단군신화도 그중 하나이다. 그런데 백두산은 다른 민족들의 설화도 간직하고 있다. 중국 만주족의 옛 기록인 『만주실록』에 따르면 하늘에서 선녀 셋이 내려와 목욕을 했는데 막내 선녀가 까마귀가 갖다놓은 열매 씨를 먹고 임신해 '부쿠리 용손'이라는 아들을 낳았고, 그 아이가 나중에 만주인들의 조상이 되었다고 한다. 우리의 '나무꾼과 선녀' 이야기와 부분적으로 비슷하다. 사실로 믿기 거북한 내용도 있고 그럴듯해 보이는 점도 있지만 우리와 어느 정도 문화를 공유한 부분이 있다는 느낌은 충분히 든다. 그러니 백두산을 우리와 중국이 공유하는 것도 일리가 있기는 하다.

백두산을 중국에서는 장백산이라고도 한다. 만주인들이 '골민 샹기얀 알린(길고 하얀 산)'이라고 일컫는 것을 한자로 직역한 것이다. 높고 눈이 많이 쌓이는 하얀 산을 보고 있으면 아무래도 신비하게 느끼게 마련이다. 티베트의 설산이나 일본의 후지산이 주는 느낌과도 비슷하다. 알프스의 최고봉을 프랑스말로 '몽블랑', 이탈리아말로 '몬테비앙코'라고 하는데 모두 하얀 산이라는 뜻이다.

백두산 정상을 우리가 독차지 못하고 중국과 공유하는 것에 대해 불만을 갖는 사람들이 종종 있다. 그러나 이렇게 이웃 민족과 다양한 전설을 공유하면서 함께 '영산'으로 품는 것이 역사적으로도 타당하고, 안보상으로도 더 이익이다. 역사와 문화는 독점하려 하면 할수록 더 고립되고 위험해진다.

표준어
유감

대략 백삼사십 년 전의 한국어(조선어)라는 언어는 정말 보잘것없는 언어였다. 글자는 번드르르한 것으로 가지고 있기는 했지만, 이렇다 할 문헌이나 지식 서적을 내놓지 못했고 공문서나 법령 혹은 무슨 경전 같은 데에서도 제대로 쓰인 적이 없었다. 그저 사람들의 입가에 흘러나오는 말만 있었으니, 하나의 언어라기보다는 아시아 주변부에 걸터앉은 자그마한 방언임이 틀림없었다.

    이 보잘것없는 언어를 감히 '국어'라고 부르고, 이 언어에도 '체계'가 있다며 연구를 하고, 이 언어에도 '유구한 역사'가 있다고 주장한 몇몇 선각자 덕분에 버젓한 언어로서 하나 둘 그 몰골을 갖추어갔다. 그 선각자들은 이 언어의 시급한 과제를 맞춤법 제정, 표준어 사정, 사전 편찬이라는 세 가지로 보았다.

맞춤법을 그럴듯하게 만들려면 신뢰할 만한 문법 체계를 갖추어야 했다. 이런 과정을 거치며 1933년 10월 29일 한글날(이때에는 10월 29일이 한글날)에 한글맞춤법 통일안이 공표되었다. 그다음 사업은 표준어 사정이었다. 표준어가 결정되지 않은 상태에서는 또 그다음 단계인 사전 편찬이 어려울 수밖에 없다. 당시에는 표준말 사정을 너무 서두르지 말자는 의견이 있었지만 하루속히 표준말을 제정하려는 대세를 거스를 수는 없었다.

이때 나온 '표준말 모음'은 토착 어휘 6천여 개를 목록화하여 비표준형과 함께 나란히 제시하고 어느 것이 표준형인지를 보여주는 방식이었다. 예를 들어 '김치'를 굵은 활자로 보여주고 그 곁에 작은 활자로 '짐치, 짐채'라는 비표준형을 실은 것이다. 이렇게 표준말이 확립된 덕분에 한국어는 현대적인 체제를 갖추고 교육과 문학, 그리고 출판의 발전도 꾀할 수 있었다.

그렇지만 한글맞춤법이 제정되고 표준어 사정이 이루어지고 나서, 식민지에서 광복을 찾은 이후에 분단이라는 상황을 맞게 된다. 그 후 우리의 맞춤법과 표준어는 얼마간의 변화를 겪게 된다.

바로 이 과정에서 전문가들이 겪은 이론적인 고충이 있었다.

1933년에 처음 나온 표준어 사정의 일러두기에는 "표준말은 대체로 현재 중류사회에서 쓰는 서울말로써 으뜸을 삼되"라는 구절이 있었다. 여기에 나온 '중류사회'라는 말이 무척 골치 아픈 논쟁거리가 되었다. 공식화된 해석으로는 "과거의 상류사회(양반 사회)의 언어나 하류사회의 천박한 말을 제외"한다는 뜻이라고 되어 있었으나, 그래도 석연하지는 못했다. 가장 아픈 비판은 분단 이후 북한에서 "남쪽의 표준말은 '계급적 차이'를 반영하고 있다"고 한 것이었다. 반면에 북에서는 자기네 문화어는 '전인민의 언어'라고 규정하고 있었다. 사실 이론적인 논쟁을 하자면 '전인민의 언어'도 다툼거리가 전혀 없는 말은 아니다. 아무튼 오랜 동안 논쟁과 비판이 오간 뒤에 현행 규정에서는 이 부분을 "교양 있는 현대 서울말"로 수정하게 되었다.

그 외에도 몇 가지 내용적인 아쉬움이 있었다. 당시의 표준말 정비는 우리 토착어의 공식적인 형태를 확정하는 데 온 힘을 쏟았다. 그러다 보니 토착어가 아닌 수많은 한자어와 외래어를 제대로, 충분히 다루지 못하고 지나쳐버렸다. 그 결과 우리의 토착 어휘는 사용할 때마다 표준형인지의 여부를 판단하는 과정을 일일이 거쳤지만, 한자어와 외래어는 표준형 여부를 묻지 않았다. 한자로 쓸 수 있으면 자동적으로 표준어가 되었고, 외래어는 괄호 속에 알파벳만 기입하면 잘못된 말도 그냥 표준어처럼 쓰이게 된 것이다. 마치 토착어는 지나다닐 때마다 검문과 검색을 일일이 받아야 하는 용의자 신세가 된 데 반해, 한자어나 외래어는 무비자로 입국한 관광객이나 특권층처럼 자유롭게 통행의 자유를 누리고 있는 셈이다. 한자어도 틀린 것, 너무 낡은 것, 뜻이 모호한 것, 전통 한자어와 통속 중국어 어휘, 일본식 한자어 등등의 측면에서 '표준형의 자격'이 있는지 잘 따져봐야 했다. 서양 외래어 같은 경우는 모호한 뜻을 가졌음에도 오히려 더 멋들어진 말로 대접을 받기도 한다. 표준어의 기강이 무너진 것이다.

그 이후에도 한자어와 외래어에 대한 표준어 자격을 문제 삼는 논객은 잘 보이지 않는다. 특히 안타까운 것은 최근의 새로운 한자어나 외래어의 상당수가 일본 신문이나 매체에 실렸던 것이 수입되고 있다는 점이다. 사실상 일본 경유 외래어인 셈이다. 이는 언론인과 국어 전문가들이 관심을 가져야 할 중요한 문제다. 한자어와 외래어의 출신지와 경유지를 잘 따져가며 입국 심사를 좀 더 엄격하게 해야 하지 않을까 한다.

한글맞춤법의
오랜 쟁점

오늘날 우리는 한글맞춤법의 여러 규정에 대하여 매우 당연하다는 듯이 받아들이고 있지만, 사실 그러한 모습을 갖추기까지는 역사적으로 많은 망설임과 방황도 있었고 근대사회에 들어와서는 뜨거운 논쟁과 치열한 이론 투쟁을 겪었다. 그럴 수밖에 없는 것이, 한글이라는 문자는 겨우 오백여 년 전에 '창제된' 새내기 문자인 데다가 그 이전의 문자와는 하등의 연관성이나 연속성이 없기 때문에, 맞춤법의 적절한 전범(典範)을 찾을 수 없었다. 오로지『훈민정음해례본』을 새 시대에 맞게 어떻게 잘 해석해내느냐가 가장 중요한 고비였다.

잘 알려져 있다시피 모든 문자는 거칠게 '표음문자'와 '표의문자'로 나뉜다. 그 두 가지는 장단점이 서로 다르다. 표의문자는 의미를 파악하는 것이 더 쉽고, 표음문자는 발음을 알기 편하다는 정도의 상식은 널리 알려져 있다. 바로 그런 장단점 때문에 오히려 표의문자인 한자는 표의문자의 한계를 극복하기 위해서 표음적인 요소를 반영하려고 노력했다. 예를 들어, 더한다는 뜻의 가(加)를 이용하여 같은 발음의 여러 '가' 자를 架, 駕, 茄, 袈 같이 파생시켜 사용한다. 架(가)는 선반 같은 것을 뜻하는데 위쪽의 가(加)는 글자 전체의 발음을, 아래쪽에 있는 목(木)은 선반 매는 나무를 뜻한다. 駕(가)는 옛날 양반들이 타던 가마, 가(茄)는 가지 같은 채소, 袈(가)는 스님들이 입는 옷을 가리킨다. 이처럼 한 글자 안에 표의 요소와 표음 요소가 섞여 있도록 했다. 결국 가(加)는 일종의 발음 정보를 전달하고 있으며, 나머지 '木, 馬, 艹, 衣'에 해당하는 부분은 의미의 요소를 전달하는 셈이다. 이런 것을 중국에서는 '형성(形聲)'이라고 한다.

반면에 한글맞춤법은 '사실상' 같은 발음의 어휘들을 '낫, 낟, 낱, 낯'처럼 분화시켜 의미의 변별을 뚜렷이 하도록 했다. 표음문자는 의미 전달이 불확실할 수도 있으므로, 여기에 표의적 기능을 강화해서 일종의 안전장치 구실을 하게 한 것이다. 즉, 한글은 발음대로 적으면 되는 단순한 표음문자가 아니며, 발음뿐 아니라 의미의 차이도 반영되어 있어서 복잡한 문법 규칙과 말소리의 변동 규칙을 더 알아야 한다. 그래서 글자 자체의 체계는 무척 쉬운데 그 맞춤법이 복잡하다는 둥 하는 '민원'이 생기기도 한다. 이런 복잡함이 있긴 하지만 대체적으로 한글은 태어난 이래 표음적인 맞춤법이 널리 사용되어왔다. 다시 말해서 일상생활에서 발음하는 대로 쓰면 큰 무리 없이 이해되는 문자였다고 하겠다.

그런데 19세기 말에 와서 한글의 기능과 의의에 대해 좀 더 큰 기대를 품었던 일군의 초기 계몽주의자들이 주동이 되어 한글에 대해 더욱 더 이상적인 요구를 내걸었다. 나날의 생활에서 사용하는 입말부터 폭넓은 파생과 합성을 통해 기존의 한문 못지않게 모든 갈래의 글월들을 망라할 수 있는, 그리고 의미와 형태가 가지런히 잘 정리된, 또 문법적 기능이 제대로 문장 구조에 반영되는 기능을 갖춘 한글. 이것이 주시경과 그를 따르는 제자들이 중심이 되었던 이상주의자들이 꿈꾸던 한글이다. 그들은 말소리에 기초하면서도 위에서 언급한 일정한 표의성을 가지고 다종다양한 표현과 조어가 가능한 문자 사용 체계를 다듬으려 했다. 그들의 꿈은 아예 한자를 더 이상 필요로 하지 않는, 오로지 한글만으로 일상 언어만이 아니라 온갖 고전과 전문 지식을 담을 수 있는 이상적인 표기 수단으로 삼는 것이었다. 이들이 결국에 완성해낸 것이 바로 현행 한글맞춤법의 모체가 되는 1933년의 '한글마춤법통일(안)'이었다.

이 맞춤법으로 의견을 모으기까지는 매우 여러 가지 논쟁이 있었다. 이들과 가장 날카롭게 대립했던 진영은 전통적인 표음적 맞춤법을 그대로 쓰자고 주장한 안확, 박승빈 등이었다. 흥미롭게도 이들의 취지는 지식인이나 전문가들이 아닌 일반 백성의 수요와 언어 의식 수준을 존중하자는 것이었다. 이들의 주장과 노선을 명명해본다면 주시경과 그의 학파는 엘리트 노선의 '이상주의자'들이라고 할 수 있을 것이고, 안확과 박승빈은 일종의 대중적 노선의 '자유주의자'들이라고 할 수 있을 것이다.

이상주의자들은 수준 높은 체계와 앞날의 무궁한 발전 등을 그 목표로 삼았고, 자유주의자들은 지식인들의 개입을 최소화하고 역사적으로 다듬어 내려온 대중적이고 민중적인 지식을 중시할 것을 요구했다. 현실 속에서는 이상주의자들이 논쟁의 승자가 되었다. 그들은 원래 마음먹었던 대로 한자에 더 이상 기대지 않고, 한글만으로 성취하는 독자적인 언어문화를 추구했다. 자유주의자들은 그들이 위하고자 했던 대중의 호응을 충분히 얻지 못하였다. 사실 대중은 자신들의 전통적 수준을 더 넘어서는 수준의 언어 규범을 원했던 것이 아닌가 한다. 이뿐만 아니라 이상주의자들이 중심이 된 조선어학회의 희생과 헌신이 있은 뒤 자유주의자들은 정당성 면에서도 밀리게 되었다. 더구나 광복 이후 이승만 대통령이 복고주의적인 '한글 간소화' 정책을 추진하다 실패했고, 그들은 더 이상 한국어와 한글에 대한 정책 결정에 영향을 끼치지 못하게 되었다.

이상주의자들 내부에서도 의견이 하나로 통일된 상태는 아니었다. 하나의 표기에 하나의 의미라는 대원칙을 지키려는 사람들과, 이와는 달리 당시에 나타난 언어의 현실적 변화를 어느 정도 수용하려는 의견으로 갈렸다. 원칙론과 현실론이라고 나누어 말할 수 있을 것이다. 이 두 가지의 흐름은 나중에 남과 북으로 분단된 이후에 맞춤법이 분화되는 과정에서 영향을 끼쳤다. 북에서는 원칙론에 가까운 사람들의 영향이 더 컸고, 남에서는 현실론에 근거를 둔 의견이 영향을 더 크게 끼친 모양이 되었다. 물론 북은 전원이 원칙론자이고 남은 모두 현실론자라고 단정하는 것은 아니다. 대체로 그런 경향을 띠었다는 것일 뿐이다.

돌이켜본다면 남과 북의 맞춤법은 '역사적으로' 그리 이질적인 주장이 아니다. 역사적으로 있었던 맞춤법의 실체와 규범화 과정에서의 쟁점을 보면 남과 북의 맞춤법은 그중 서로 가까운 편이었다. 초기에는 서로의 대의에 동의한 적도 있는 맞춤법이다. 남과 북이 서로 가까워지는 과정에서 맞춤법의 차이는 분명히 쟁점과 논쟁을 불러올 것이다. 그러한 토론은 한국어의 미래에 좋은 밑거름이 될 것이다. 이상주의자 가운데의 현실론자와 원칙론자들이 스스로의 원칙을 시행해보기도 했으니, 진솔한 토론을 통하여 미래와 차세대들을 위한 대의에 그리 힘들이지 않고 동의할 수 있을 것이라는 믿음을 가져도 좋으리라고 생각한다.

남과 북의
맞춤법

현대 한국어의 맞춤법은 1933년에 와서야 결정된다. 그 이전에는 '보통학교용 언문 철자법'(1912)을 사용하다가, 1921년에는 '보통학교용 언문 철자법 대요'가, 뒤이어 1930년에는 '언문 철자법'이 나왔다. 모두 조선총독부가 주도했던 작업이었는데 서로 다른 견해를 가진 사람들이 뜨겁게 논쟁했던 가운데 나온 어중간한 원칙의 맞춤법을 보여준다.

    당시의 대립된 견해를 크게 나누어보면, 옛날 표기의 관행을 받아들이고자 하는 사람들(앞 절에서 말한 자유주의자들)과 과거의 관행을 끊어버리고 혁신을 하려는 이상주의자들 사이의 논쟁이었다. 조선총독부는 이 두 의견 가운데 하나를 확실하게 지지할 수 없었다. 그러다 보니 늘 모든 사람이 불만스러워하는 맞춤법을 그려낼 수밖에 없었다. 결국은 혁신을 원하는 이상주의자들이 조선어학회를 중심으로 작업을 벌여 1933년 한글맞춤법통일안이라는 성과를 내놓았다.

반대로 자유주의자들은 전통적인 표기법 가운데 발음 나는 대로 적는 방식을 선호했다. 많은 사람들한테 익숙하다는 이유로 '하였소, 같은'이 아닌 '하엿소, 갓흔'으로 적는 것을 선호한 것이다. 또 한자어 표기는 별도로 전통 옥편의 표기법, 즉 '기차'를 '긔차'로 적는 방식을 받아들였다. 반면에 혁신을 주장하던 이상주의자들은 당시대, 즉 현재의 언어 현실과 문법적 일관성을 반영한 형식을 주장하였다. 한글맞춤법이 보급되면서 옛날식 언문 철자법을 주장하던 세력은 점점 더 입지가 좁아졌다. 광복 이후 조선어학회 한글맞춤법이 정당성을 얻으면서 맞춤법 논쟁은 사실상 끝나게 되었다.

조선어학회가 나서서 혁신을 원하는 사람들을 중심으로 완성을 했으니 전원 만장일치였을 것 같지만, 실상은 달랐다. 혁신을 원하는 사람들 사이에서도 강온의 대립이 있었으니, 좀 더 근본적인 혁신을 바라는 사람들과, 현실과 약간의 타협은 해야 한다는 사람들로 의견 차이가 있었다. 그렇게 해서 태어난 현행 한글 맞춤법은 어쩔 수 없이 그리 완벽할 수는 없었다. 그래서 그 후에도 자잘한 손질은 계속되었다.

내부에 만만치 않은 이견이 있었던 자취는 1947년에 당시 「勞働新聞(노동신문)」에 연재되었던, 훗날 북으로 넘어간 김수경 선생의 논문 「조선어학회 한글맞춤법통일안 중에서 개정할 몇 가지」에서 찾아볼 수 있다. 여기에는 글쓴이의 속내와 제정 과정에서 있었을 논란들이 드러나 있다. 아래에 그 일부를 인용하는데, 당시의 표기와 띄어쓰기를 그대로 옮기고, 한자를 섞어 썼던 곳은 괄호 속에 한글을 넣어둔다.

"(전략) 一九三三年(1933년) 『한글맞춤법통일안』이 發表(발표)된 以來(이래) 이 『통일안』이 朝鮮語綴字法上(조선어철자법상)에 끼친 영향은 실로 막대하였으며 누구 한사람 朝鮮語學會(조선어학회)의 功勞(공로)에 感謝(감사)의 뜻을 품지 않는 사람은 없을것이다. 그러나 그가 가지는 語學史的(어학사적) 意義(의의)를 認定(인정)한다는것과 그곳에 制定(제정)된 모든 細目(세목)을 全的(전적)으로 承認(승인)한다는것과는 別個(별개)의 事實(사실)에 屬(속)한다. 우리는 일찍부터 그案中(안중)에 內包(내포)된 몇가지 不充分(불충분)한 點(점)을 發見(발견)하고 이에 對(대)하여 우리의 獨自的(독자적) 見解(견해)를 가지고 있었으나 日帝(일제)의 野蠻的文化政策下(야만적 문화정책하)에 있어 우리 陣營內部(진영내부)의 統一(통일)에 無用(무용)의 混亂(혼란)을 가져옴을 두려워하고 沈黙(침묵)을 지켜왔던 것이다. (후략)"

김수경의 술회는 당시 맞춤법통일안이 완벽하지도 않았고 의견이 일치되지도 않은 것이라는 저간의 사정을 보여준다. 더 나아가 남과 북의 맞춤법 차이가 무슨 정치적 이념이나 철학적인 가치관의 차이가 아님을 충분히 추측하게 한다. 진영 내부의 의견 통일을 위해서는 충분히 참고 넘어갔다는 말에서 그 상황을 어느 정도 알 수 있다.

이 문제는 그 이후의 광복과 분단에서 다시 도드라졌다. 1949년 김구의 남북연석회의 참석을 위한 평양 방문에 동행했던 조선어학회의 지도자 이극로가 북에 잔류를 하고, 뒤이어 당시 경성제대 교수로 있던 김수경 등 몇몇 국어학자들이 평양으로 가 조선어문연구회를 조직하여 북한 정권의 국어 정책과 연구 사업에 종사하게 되었다. 이러면서 식민지 시기에 이루어진 '대의를 위한 합의'가 조금씩 허물어지기 시작했다.

한글맞춤법 통일안은 제정 이후 부분적인 수정을 겪었지만 큰 변화를 입지는 않았다. 진정한 변화는 광복 이후에, 식민지의 압박을 벗어나면서 일어났다. 1948년 북한의 조선어 신철자법과, 1953년 남한의 한글맞춤법 간소화 문제가 바로 그것이다. 북에서는 지나치게 극좌적인 현상이, 남쪽에서는 어이없는 복고적 역습이 있었지만 다행히 큰 변고는 겪지 않고 무난히 지나갔다.

그 후 1954년에 들어서 북한이 조선어철자법을 시행하면서, 남과 북의 맞춤법에는 상당한 거리가 생겼다. 아니, 거리가 생겼다기보다 맞춤법의 잉태기부터 쟁점이 빚어졌던 서로 다른 '태도'들이 드디어 외면화했다고 보는 것이 더 정확할 것이다. 앞서 제시한 김수경의 이의 제기가 그대로 현실화된 것이다. 이른바 두음법칙의 맞춤법 반영 문제가 반전을 일으킨 것이 북한의 조선어철자법이었다. 이때부터 북한에서는 말머리에도 'ㄹ'과 'ㄴ'을 사용하게 되었다.

그리고 1966년에 북한에서 이른바 '문화어'를 시행하기 위한 문화어규범집을 냈고, 이로써 오늘날 남과 북의 확대된 맞춤법 차이가 생겨났다. 이후에도 북한은 1987년과 2010년에 약간의 수정을 가한다. 남한은 1980년에 또 한번 맞춤법 개정을 시도했으나 실제로 시행되지는 않았고, 1988년에 이르러 현행 맞춤법이 시행되었다. 그 이후에는 맞춤법의 전반적인 개신보다는 일부 어휘에 대한 부분적인 개정과 사전 올림말 개선을 통해 미세 조정만을 해나가는 중이다.

결론적으로 남한과 북한의 맞춤법 차이는 좌우 이념과는 아무런 관련이 없다. 언어와 문자의 관계를 어떻게 규정하느냐 하는 견해의 차이이며, 또한 합법칙적으로 처리가 어려운 일부 언어 관습적 현상을 어떻게 규정에 반영하느냐 하는 문제일 뿐이다. 앞으로 언젠가 이 두 가지 규범을 통합시키려는 작업을 할 때 상대방에 대해 '정치적 노선' 때문에 지나치게 고뇌할 필요는 없다는 말이다. 되도록 일반 대중이 사용하기 편하도록 조정하는 것이 가장 중요한 목표이어야 할 것이다.

또 하나의 공용어,
한국수화언어

2016년 2월, 우리 한국어의 역사에서 매우 중요한 의미를 가지는 법률안 하나가 국회를 후다닥 통과했다. 여당과 야당이 하도 자주 다툼을 벌이며 시끄럽게 지내던 때여서 그러한 법을 둘러싸고 얼마나 중요한 논쟁을 벌였는지 하는 것 등은 거의 알려지지도 않았다. 그냥 얼떨결에 우리 한국어의 역사는 또 한 번의 굵직한 금을 긋고 한 걸음 더 나아갔다. 바로 '한국수화언어법'이 국회를 통과한 것이다. 그런 법이 있는지 전혀 모르는 사람도 있을 것이다.

수화언어는 줄여서 '수어'라고 하는데, 티브이를 볼 때 종종 화면 한 귀퉁이에 등장하는 '손짓언어'이다. 북한에서는 '손가락

182

말' 혹은 '손짓말'이라고도 한다. 마치 손가락으로만 의사 전달을 한다는 뜻으로 들리는데 '몸짓언어', 더 나아가 '시각-운동 체계의 몸짓언어'라고 하는 게 가장 정확한 표현일 것이다. 대개는 청각 장애인인 농인들이 사용하는 소통 방식으로 알려져 있다. 대다수의 사람들이 널리 사용하는 소리언어와는 달리 '소리 없는 언어'인 셈이다. 따라서 소리를 기본으로 하는 언어와는 그 체계와 기능이 다를 수밖에 없다. 그러나 오랫동안 그것은 언어라기보다는 자연발생적인 비상수단으로만 인식되었다. 교육하고 널리 보급해야 할 언어로 보지 않은 것이다.

일반적으로 수어를 농인 전용으로만 생각하기 쉽다. 그러나 청인들도 때에 따라 수어와 비슷한 각종 손짓을 의사소통에 이용한다. 물리적으로나 육체적으로 말을 할 수 없을 때, 방독면을 쓰고 있을 때, 침묵 속에서 일을 처리해야 할 때, 물속에서 잠수나 자맥질을 할 때, 소리가 닿지 않는 먼 곳에 신호를 보낼 때, 또 반대로 너무 시끄러운 데서 말할 때 수어와 같은 종류의 몸짓언어가 필요하다는 것과, 수어가 단순히 우발적인 신호가 아닌 하나의 자연언어로서의 '기본적인 소통 수단' 기능을 담당한다고 재인식하게 된다. 다시 말해서 소리 없는 언어라고 해서 '불완전한 언어' 혹은 '비정상적인 언어'인 것처럼 선입관을 가지지 말아야 한다는 것이다. 예를 들어 아직 해당 언어에 숙달하지 못한 외국인의 경우 그가 할 수 있는 소통 방식은 오로지 손짓과 몸짓밖에 없을 것이다.

수어가 이제 법적인 공용어가 됨으로써 우리는 기존의 '(표준) 한국어'에 더하여 '한국수화언어'까지, 두 가지 공용어를 갖추게 되었다. 외국의 사례에 비추어보면 그리 이르지도 않다. 세계에는 이미 137개의 수어가 있다고 한다. 물론 이 가운데는 방언도 섞여 있어서 정확한 표준형만의 숫자는 아니다. 예를 들어 스위스에는 12개의 방언 수어가 있다. 공용어로 인정받는 경우도 있고 그저 자의적으로 알아서 쓰는 경우도 있어서 정밀한 수치라고 볼 수는 없다. 우리는 다른 나라에 비해 상대적으로 늦게 시작하는 만큼 좀 더 정성 들인 제도가 뒷받침되었으면 한다.

법만 만들어놓고 후속 작업을 똑바로 하지 않으면 아무 소용이 없다. 수어는 이젠 국어 시간에, 혹은 이에 준하는 수업에서 가르칠 수 있어야 한다. 수어 통역사와 수어 교사를 더 양성해야 한다. 농인뿐 아니라 소리를 들을 수 있는 청인들도 수어를 이해하는 능력을 기른다면, 청인과 농인 사이의 소통이 원활해질 수 있으니 더욱 바람직할 것이다.

수어의 약점을 꼽으라면 전화 통화가 불가능하다는 것을 들수 있다. 그렇지만 이제는 화상 통화가 가능하기 때문에 편의 장치와 응용 장비를 개발한다면 큰 문제가 되지 않을 것이다. 하나의 공용어보다 두 개의 공용어를 가지려면 그만큼 더 바빠야 하고 더 부지런해야 한다.

소리언어를 사용할 수 없는 장애인을 위한 교육은 1909년 평양에서 미국 선교사에 의해 시작되었으나, 오랜 세월 체계를 갖추어 발전해오지 못했다. 이제야 수화언어에 관한 법을 만들었으니 늦어도 한참 늦은 일이다. 앞으로는 우리 사회에서 소리언어 이용에 장애가 있는 36만여 이웃들이 더 나은 기회를 가지고 더 넉넉한 자기 몫을 차지해야 할 것이다.

수화언어와는 조금 다른 이야기이긴 하지만, 청각장애인들을 위한 '속기 서비스'도 확대될 필요가 있다. 최근에는 티브이 드라마에도 이른바 '폐쇄 자막'이나 시각장애인들을 위한 '음성 해설'이라는 것이 제공돼서 배우의 대사뿐만 아니라 '덜컥'과 같은 비언어적 소음이나 음향, 혹은 표정까지 자막이나 음성으로 제공하고 있다. 이런 것은 오로지 장애인들에게만 편리한 것이 아니다. 가족이 잠들었을 때 조용히 시청해야 한다든지, 티브이의 음성이 갑자기 낮아지거나 불확실하게 들릴 때에는 비장애인들한테도 무척 편하다. 사실 우리 모두 상황과 조건에 따라서 늘 장애와 비장애의 경계선을 넘나들며 살고 있는 셈이다.

한글 점자,
훈맹정음

우리가 한글이라는 문자를 사용하고 있다고는 하나, 종종 한자도 '적당히' 섞어 쓴다. 한자 사용의 빈도는 날로 줄어들어 참고용으로 쓰는 정도에 지나지 않는다. 국어기본법에 의하면 한자는 우리의 글자가 아니다. 굳이 말한다면 보조 문자이다. 그 외에 우리는 적잖게 알파벳을 섞어 쓴다. 그런데 당연히 우리의 글자로 인정해야 할 것을 한 가지 잊고 있다. 바로 한국어 '점자'이다. 점자도 별개의 문자이다.

점자는 프랑스 사람 루이 브라유가 창안했기 때문에 점자 자체를 '브라유'라고 부르기도 한다. 맨 처음 만들어진 한국어 점자는 미국인 선교사의 손에 의해서였다. 그러나 불편한 점이 많아서 활용하는 데 어려움을 겪다가, 시각장애인들을 오랫동안 가르쳐온 박두성 선생이 1926년에 새로 창안하여 '훈맹정음'이라 이름 지었다.

그 후에도 여러 사람들의 손을 거치며 더 다듬어지고 보완되어 오늘날 시각장애인들이 사용하는 점자로 발전되어왔다. 지금 사용하는 '한글 점자 통일안'은 훈맹정음을 보완하고 옛 한글 점자, 수학 점자, 과학 점자 등을 추가한 것이다.

점자는 이렇게 만들어놓는 것으로 끝이 아니다. 점자 쓰는 법을 익혀야 하고 점자로 글을 써야 한다. 그리고 점자책을 출판해야 제대로 지식의 순환이 일어날 수 있다. 이 일련의 순환을 위해서는 무척 복잡한 과정을 거쳐야 하고 비용도 많이 들어간다. 당연히 충분한 공공 재원이 필요하다. 비장애인들이 읽는 글을 묵자라고 하는데, 묵자를 점자로 옮기는 것을 '점역'이라고 한다. 점자책은 법에 따라 우편 발송료가 면제된다. 저작권에서도 예외 규정이 있는데, 공표된 저작물은 시각장애인을 위한 점자로 복제와 배포가 가능하다. 앞으로는 각급 도서관에서 점자 문헌을 서비스하는 부서를 갖추어서 시각장애인들이 충분한 지식 활동을 할 수 있게 해야 할 것이다. 이에 더하여 중요한 거점마다 전문 점자 도서관이 마련되어 있으면 더할 나위 없이 바람직한 일일 것이다.

점자를 보급하는 데 있어서도 간과하는 부분들이 있는 것 같다. 보통 점자책을 보급한다고 말하면 비장애인들이 쓴 글을 점역하여 장애인들이 읽도록 하는 데 초점을 맞추고 있는 형편이다. 한번 거꾸로 생각을 해보자. 시각장애인들이 쓴 글을 비장애인들의 글, 다시 말해서 한글 맞춤법(묵자)으로 번역할 필요도 있지 않겠는가? 그렇게 해야 장애인들과 비장애인들 사이의 진정한 소통이 이루어지지 않겠는가 하는 말이다. 일방통행의 전달이 아닌 양방향 소통을 위해서는 당연히 비장애인들의 생각을 장애인들이 읽을 필요가 있고, 반대로 장애인들의 느낌을 비장애인들에게도 전달해주는 것이 옳을 것이다. 고민해봐야 할 부분이다. 현실 속에서는 시각장애인들을 일종의 소통의 장애인으로 보고, 비장애인들의 메시지를 수용해야 하는 객체로만 보고 있는 것 같아 무척 아쉽다. 장애인들이 비장애인들보다 무언가를 더욱 예민하게 느끼고 있고, 무언가를 더 깊고 무겁게 생각을 하고 있을는지도 모른다. 그런데 비장애인들은 그저 장애인들을 동정이나 시혜의 대상으로만 보고 있는 게 아닐까?

점자의 보급 역시 베풀기 위해 한다기보다는 서로 소통하기 위해 하는 것이어야 한다. 우리의 점자 명칭이 '훈맹정음'으로 시작한 것도 매우 의미가 깊다. 점자도 그저 장만해놓은 갖춤새만으로는 큰 의미가 없다. 『훈민정음해례본』 서문에 드러난 "날마다 씀에 편안케 하고자 할 따름"이라는 더 큰 뜻을 생각하여, 불편한 그들이 열심히 배워 쓰도록 하는 게 아니라 우리 모두 배워 날마다 써서, 우리 서로 소통할 수 있도록 해야 하지 않을까 한다.

3

차별하는 언어,
배제하는 사회

나이를
묻지 말아야 하는 이유

1980년대 초의 일이다. 독일 정부는 매우 세밀한 문항을 갖춘 인구조사를 하려고 했다. 자세하고 정확한 인구조사나 호구조사는 국가 운영에 매우 중요한 자료가 된다. 그런데 별것 아닌 것 같은 일로 말미암아 거센 반발을 사서 좌초되고 말았다. 종교를 묻는 항목에 '유대교'라는 난이 있었기 때문이었다. 불행한 과거를 잊지 않고 있는 독일 국민들에게는 대단히 황망한 문항이기도 했다. 독일의 역사에서 유대인의 비극은 오로지 나치스 시대의 일만이 아니다. 중세기 내내 그들은 탄압의 대상이 되어왔다.

　대학 지원 시 제출하는 자기소개서에다가 부모에 대한 인적 정보를 쓰지 못하게 하는 까닭도 무슨 일이 생길지 훤하게 보이기 때문이다. 한때 대입 면접시험에서 고등학교 자료를 면접위원에게 내줄 것인가 말 것인가 하는 것도 무척 예민한 문제였다. 면접위원들 나름대로 특정 고등학교에 대해 선입관을 지니고 있을 수 있기 때문이기도 하고, 혹시 실수로 면접위원이 특정 고등학교에 대해 호의를 표하거나 반대되는 태도를 보이면 공정성에 금이 갈 염려도 아니 할 수 없었다.

개인과 개인 사이에서는 상대방의 신상에 대한 어떤 정보가 필요할까? 가장 객관적이고 필수적인 정보는 오로지 이름이 아닐까 한다. 그 외의 정보는 무언가 다른 목적이 있는 경우라든지, 아니면 현대사회에서는 별로 필요치 않은 내용이다. 이름만 알면, 그리고 상대의 신원에 적합한 호칭만 있으면 어떤 이야기라도 나눌 수 있는 것이 가장 합리적인 사회의 모습이다.

여기에 나이도 알아야 한다면 그 사회는 나이의 고하에 따라 권위주의적 관계를 맺고 있을 가능성이 많다. 그리 바람직하지 않다. 또 출신 학교를 알아야 한다고 생각해보자. 보나마나 학교에 대한 차별이나 서열이 있어 사회적 이익을 독점하는 학교 출신이 있다는 것을 암시한다. 역시 바람직하지 않은 사회이다.

남성인지 여성인지를 먼저 알아야 한다면 보나마나 그 사회에는 일정한 성차별이 있다는 것을 암시한다. 고향을 미리 알 필요가 있다면 그 역시 여러 가지 석연치 않은 사회적 고정관념이 있다는 증거가 아닌가 한다. 사회 현실이나 특정한 시사 문제에 대해 비판적인 말을 많이 하면 느닷없이 고향이 어디냐고 묻는 경우도 있다. 정말 어처구니없는 일이다.

아주 솔직하게, 그리고 반성하는 자세로 한국 사회의 성격을 규정하라면 앞에서 거론한 문제 모두가 해당된다고 말할 수밖에 없다. 상대의 나이와 출신 학교, 성별과 고향 등을 다 알아두는 것이 중요하다면 한국 사회는 극히 비합리적이고 비효율이 넘치며, 일을 성취한 보람보다는 이름 모를 경쟁자에 대해 스트레스와 공포를 느끼는 병든 사회이다.

그 모든 증거는 신문을 구석구석 잘 읽으면 여기저기서 발견된다. 대개의 보도 매체에서는 어떤 사람을 언급할 때 그에 대한 개인 정보를 간략히 덧붙여서 읽는 이들의 이해를 돕는다. 보통 직업이나 직함 또는 알려진 명성 따위를 언급해준다. 예전에는 해당인의 나이를 괄호 속에 넣는 일이 흔했는데 요즘은 드물어졌다. 보통 사람이라면 나이를 밝히고, 유명 인사라면 나이를 안 적는 경우도 많다. 여성일 경우에 괄호 속에 '여'라고 써넣는 관습은 아직도 사라지지 않았다. 돌이켜보면 참으로 별 의미 없는 정보를 알려줬구나 하고 실소를 하게 된다. 게다가 아직도 일부 매체에서는 그 사람이 나온 대학의 이름을 슬그머니 비치기도 한다. 이제 이런 것들은 우리가 작별해야 할 낡고 의미 없는 정보가 아닌가 한다.

그럼에도 불구하고 아직도 권력의 중심부에서는 개인의 주변적이어야 할 정보 요소를 지렛대 삼아 건전하지 못한 위계질서를 강화하는 인습이 남아 있어 무척 답답하다. 예를 들어 사법시험 출신자를 언급할 때는 거의 예외 없이 몇 회 합격자인지, 사법연수원 몇 기인지를 밝히고 있다. 게다가 기수 후배가 상관이 되면 그 선배 기수들이 통째로 물러난다는 식의 비합리적인 인사 정책이 당연시되는 것은 큰 문제다.

더 답답한 것은 선후배 관계와 아무런 관련이 없다고 생각되는 국회의원들조차 재선이니 삼선이니 하는 것을 따지면서, 초선인 주제에 단식 농성의 선두에 서지 않는다고 질책하거나, 삼선 이상이면 당연히 무슨 당직을 주어야 한다고 거리낌 없이 말하는 것을 보면 아직 민주주의가 멀었다는 생각이 들지 않을 수 없다.

기수나 횟수 따위는 그의 능력이나 그릇의 크기와는 아무 관계가 없다. 오히려 우리 사회가 잘되려면 잘난 후배가 하루속히 못난 선배를 앞질러야 하지 않겠는가?

법조인에 대한 정보를 보도할 때는 되도록 과거에 어떤 판례를, 혹은 어떤 변호나 사건 기소를 한 경력이 있다는 것을 덧붙이는 것이 좋겠다. 국회의원이라면 과거에 어떤 법안을 마련한 경력이 있다는 등의 개인 정보를 드러내주는 것이 더 바람직한 사회로 다가서는 일일 것이다. 그걸 위해서는 우선 신문 기사에 등장하는 나이, 출신 학교, 성별, 고향 등을 지우는 일부터 해야 할 것이다. 더 나아가 무슨무슨 기수와 국가시험 횟수 같은 것도 무의미한 정보로 생각해야 할 것 같다. 말로는 4차 산업혁명이니 뭐니 하는 거창한 구호를 내세우면서, 지난날 과거 시험 보던 시절이나 다름없이 세상과 인물을 바라보려 하니 우리 사회의 불균형과 불안정성이 더 깊어만 가는 것 같다.

실패한 어휘,
인종

'인종'이라는 단어는 사람의 종류를 구분해보려고 만든 단어이다. 그러나 역사적으로 완전히 실패한 어휘이다. 사람을 제대로 분류해내지도 못했을 뿐 아니라, 숱한 혐오감과 고정관념을 만들어내어 많은 갈등과 분쟁의 씨앗만 뿌렸다. 그 판단 기준도 문화권에 따라 서로 다르다. 우리의 주변을 둘러보자. 피부가 조금 어두운 편인 사람도 있고 좀 밝은 편인 사람도 있다. 그런데 피부의 색감에 따라 사람의 성격이 다르던가? 학습 능력의 차이가 있던가? 아니면 도덕 감각의 차이라도 발견할 수 있던가?

사실 몸의 어떤 부분을 가지고 인종을 나누어야 하는지도 불

분명하다. 체격? 피부 색깔? 눈의 크기? 골격? 머리카락 색깔? 그 어느 것도 '사람의 종류'를 나누기에는 적합한 요소가 못 된다. 오히려 따지면 따질수록 특정한 요소에 대한 편견이나 선입견만 더 커진다. 어떤 한국 여성이 독일 남성과 결혼하여 아기를 낳았다. 엄마 쪽 친척들은 그 아기의 눈이 푸른색인 것을 보고는 꼭 아빠를 닮았다고들 했다. 반면에 아빠 쪽 친척들은 아기의 광대뼈가 살짝 올라온 것을 보고는 엄마를 고대로 닮았다고들 했다. 서로 다른 부분을 결정적인 요소로 보고 있었던 것이다. 비슷한 예로 동양인은 서양인의 외모 가운데 큰 코를 특징으로 받아들이고, 서양인은 동양인의 가느다란 눈매를 인상적으로 받아들이는 경향이 있다.

한국에서 각종 국제 스포츠 대회가 열리는 것은 일상생활에 많은 재미를 선사한다. 그러나 그러한 행사가 있을 때마다 미리부터 걱정되는 바가 있다. 훌륭한 기량을 보여서 메달을 딴 선수가 유럽계 여성일 경우에는 아마 틀림없이 '푸른 눈의 미녀 선수'라는 말이 언론에 등장하지 않을까 한다. 아주 자주 있었던 일이기 때문이다. 어려운 사람들을 위해 헌신한 유럽계 수녀들한테도 종종 '푸른 눈의 천사'라는 표현을 쓰곤 한다. 그만큼 우리 사회에서는 '푸른 눈'이 '미인'이나 '천사'라는 말과 자연스럽게 연결되고 있다. 본의건 아니건, 은연중에 하얀 피부와 푸른 눈은 무언가의 (부가)가치를 높이는 값진 대상으로 느끼고 있음을 보여준다. 반면에 다른 빛깔의 피부를 가진 사람들을 표현할 때는 무언가 인색함이 묻어난다. 검은 피부의 축구 선수를 보고 '검은 표범(모잠비크 출신의 축구 선수 에우제비오의 별명)'이라고 부르는 것은 사실 찬사인지 모욕인지 잘 구별이 되지 않는다.

이제는 한국 스포츠 팀에도 귀화 선수들이 제법 눈에 띈다. 또 해외로 이주했던 이들의 자녀가 다시 고국에 귀화해서 출전하는 경우도 있다고 한다. 따라서 언론 보도나 중계방송에서 예민하게 신경을 쓰지 않으면 황당한 표현이 나올 가능성이 퍽 많다. 중계방송을 하다가 흥분하면 여러 가지 말실수도 나오는 법이다. 여자팀 경기에서 '대한의 아들딸' 한다든지, 우리 선수가 넘어지면 무조건 상대 선수의 야비한 반칙인 것처럼 말이 쉽게 나가는 경우도 있다. 국수주의적 표현이 지나친 해설자의 설명을 듣다 보면 저러다 말실수가 터지지 않을까 걱정이 앞선다. 특히 피부색이라든지 머리카락 따위의 생김새로 선수의 특징을 묘사하는 것은 매우 현명하지 못한 태도이다. 이미 북미나 유럽에서는 동양인을 두고 양쪽 눈이 찢어진 모양으로 조롱하듯이 표현하는 것을 매우 몰상식하고 부도덕한 행위로 치부한다.

한때는 피부색과 스포츠의 상관성을 그 나름 '과학적으로' 설명하려는 시도도 있었다. 흑인은 육상경기는 잘하지만 수영은 잘못한다는 둥, 동양인 선수가 피겨스케이팅에서 아름다움을 표현해내기에는 적잖은 어려움이 있다는 둥, 얼핏 그럴듯하게 들리는 해석들이 있었으나 흑인이나 동양인도 훈련 시설과 여건이 좋아지면서 많은 성과를 올리고 있지 않은가? 아마도 한국의 김연아 선수가 대표적인 사례로 꼽힐 수 있지 않을까 한다.

피부색과 눈의 빛깔 따위는 사람의 능력을 판단하거나 평가하는 데 아무런 기준이 되지 못한다. 오로지 그런 말을 한 사람의 편견과 무지만 드러낼 뿐이다. 이 이상 '인종'이라는 말로 '사람의 됨됨이'를 갈라보려는 낡고 유치한 시각을 극복해나갔으면 한다. 내가 딴 사람의 피부색에 무언가의 색깔을 입히는 순간 그들도 우리 피부색에 무언가의 껍질을 씌우고 있을 것이다.

언어의
미용술

말은 어떤 대상을 아름답지 못하게 표현해서 그 가치를 떨어뜨리는 구실도 하지만, 반대로 그 가치를 높이는 일도 한다. 사회적 가치판단이 달라짐에 따라 옛날에는 무심히 보아 넘기던 것의 가치를 뒤늦게 발견하고 더 교양 있는 새로운 표현의 말로 변화하는 경우도 있다.

대표적으로 장애인에 대한 명칭들을 꼽을 수 있을 것이다. 과거에 쓰이던 장애인 연관 어휘들은 예로 열거하기가 민망할 정도로 당사자들의 인격과 자존심을 전혀 배려하지 않는 말들이었다. 아직 당사자들의 눈높이에서는 어림없을지 몰라도 일단 부르는 말을 이 정도나마 개선한 것만도 다행이긴 하다.

아마 그다음으로 개선을 하느라 애썼던 분야가 몇몇 안 좋은 선입관을 드러내는 질병 및 그 환자들에 대한 명칭일 것이다. 문둥병이 나병으로, 그것도 마음에 차지 않아 한센병으로 바뀌어오는 과정에서 그런 명칭을 들어야만 했던 이들의 마음이 어느 정도나 나아졌는지 궁금하다. 그뿐만 아니라 부정적인 인상을 주던 일부 정신 질환과 그 환자들에 대한 명칭도 개선이 되었다. 아직도 많은 사람들한테 거부감을 주는 성병 환자나 속칭 '아편쟁이'라는 말을 듣는 마약 중독자들도 일단 '치료의 대상'으로 본다면 그들에 대한 명칭도 개선되어야 하지 않을까 한다.

각종 직업 명칭도 좀 더 긍정적으로 바꿔줄 필요가 있다. 직업에 귀천이 없다고들 해왔지만, 직업 혹은 직책의 명칭으로 말미암아 상처를 받는 경우가 많다. 공무원 중에 행정 업무가 아닌 순전히 실무적인 보조 노동을 담당하는 사람들이 있었다. 이 가운데 일부는 한때 '잡급직'이라는 듣기 민망한 명칭을 달고 살았지만 후에 '실무직'이라는 명칭으로 개선되었다. 또 군의 기초 간부라고 할 수 있는 '하사관'이란 명칭도 십여 년 전에 '부사관'으로 바뀌었다. 이런 경우 자세히 들여다보면 똑같은 일을 하면서 이름만 그럴듯하게 바꾼 게 아닌가 하는 의심도 든다.

명칭의 개선을 통해 말만 바꿀 것이 아니라 사회적 불평등이나 거부감의 개선과 같은 실질적인 효과가 있어야 실제적인 '개선'이 된다. 좋은 예로 꼽을 수 있는 것이 '간호사'라는 직종의 명칭이다. 오래전에는 지금의 간호사에 대한 호칭으로 '간호부'라는 말이 쓰였으며 양성소에서 길러내는 경우가 많았다고 한다. 나중에 대학에 간호학과가 생기면서 대우도 달라졌고 직업 명칭도 '간호원'으로 바뀌었다. 이름이 달라지면서 대우와 위상이 더 나아진 셈이다. 그리고 후에 더 발전되어 대학원이 생겨 학위를 받게 되자 간호사라는 명칭을 쟁취했다. 직업 범주의 발전과 이에 따른 명칭의 변화가 함께한 것이다. 일단 이름으로만 본다면 의사, 약사와 함께 보건 의료 활동을 주도하는 중추적인 전문가의 하나로 제대로 자리매김을 한 셈이다.

좀 다른 경우는 가사 보조원에 대한 경우이다. 오래전에는 '식모'라는 이름으로 불렸으며 매우 종속적인 직업이었다. 직업인지 사회 계급인지 구별이 안 될 지경이었다. 월급도 없이 '먹이고 재워주고 나중에 시집 보내주고' 끝나는 경우도 꽤 있었다. 그 이후 '가정부'로 이름이 바뀌면서 적어도 말로는 그 종속성을 벗어나는 듯

했으나 실제 삶의 양식에는 큰 변화가 없었다. 그 후에 '가사 도우미'로 이름을 또 바꾸면서 정규적인 임금 체계와 개인 생활의 독자성도 보장되는 독립적인 직업 범주 같아 보이게 되었다.

또 다른 직업군을 보자. 오래전에는 직업으로 차량 운전을 하는 사람들을 '운전수'라고 불렀다. 그러다가 언젠가 '운전사'로 바뀌었고, 또 세월이 지난 후에 다시 '기사'라는 이름으로 부르게 되었다. 그런데 그들의 직업으로서의 지위나 대우가 좋아졌다고는 보이지 않는다. 그저 이름만 바뀐 것 같다.

어휘의 형태가 변화한다면 그에 걸맞게 의미의 변화도 필요하다. 의미는 그저 그대로인데 허울만 그럴듯해진다면 그만큼 내실이 없다는 증거일 뿐이다. '청소부'에서 '환경미화원'으로 이름이 바뀌면서 그들의 삶에 무슨 변화가 있었는가? 변함없이 불안정한 고용 상태, 저임금, 과잉 노동, 인격적인 수치심 등에서 헤어나오지 못하고 있지 않은가?

직업의 명칭이 더 나은 모습으로 듣기 좋게 바뀌어가는 것은 매우 바람직하다. 그러나 그 내용, 곧 의미의 발전도 동반해야 한다. 그러지 않으면 그저 그런, 어휘의 겉모습만 바꾸는 언어 미용술 혹은 성형 수술에 지나지 않는다. 의미의 변화가 없이 말 껍데

기만 슬쩍 바꾸는 포장술로는 사회 발전을 기대하기 어렵다. 그것은 사회적 위선, 아니 자기기만에 지나지 않는다.

'주부 도박단'은
더 나쁜가?

모든 개개인들이 다 독립적인 개체라고 하지만, 본의든 아니든 사회적으로는 특정 부류의 구성원으로 분류되어버린다. 고향에 따라 특정 지역민으로 분류되기도 하고, 나이에 따라 세대별로 분류되기도 한다. 그런가 하면 태어날 때부터의 생물학적 조건으로 남성인지 여성인지를 따지는 성별로 나뉘기도 한다. 미국처럼 수많은 인종이 섞여 사는 곳에서는 피부색, 머리카락 색깔, 눈동자 빛깔 등도 사람을 분류하거나 갈라내는 수단이 된다.

　각 집단들은 남들에게 불리는 이름들이 있다. 출신 지역에 따라 서울 사람, 남도 사람, 외국인, 해외 동포 등이 있고, 나이에 따라 어린이, 청년, 노인 등으로 불리며, 남자와 여자 혹은 좀 더 나아가 독신자, 기혼자 등으로 우리는 갖가지 집단 명칭 안에 갇혀 살고 있다. 이러한 집단의 명칭이 각종 매체에서 특정되어 자주 거론되고 있다면 그들은 어떤 의미에선가 일정한 가치 매김을 당하고 있는 사람들이다. 대학생, 노인, 주부, 외국인 등과 같이 특칭화될 때 그 명칭에는 그들에 대한 가치판단도 함께 함축된다.

예를 들어 "주부 도박단 검거"라는 기사 제목은 단순히 '주부'들을 가리키는 기능만을 하지는 않는다. 주부들이 살림에는 신경 쓰지 않고 웬 도박이냐 하는 비난이 깔려 있다. 객관적으로 본다면 굳이 주부만이 도박을 삼가야 할 이유는 없다. 모두 다 삼가야 할 것이 도박이다. 다른 예로 "대학생 절도범"이라는 표현은 대학생이 절도를 저지른다는 것은 유달리 더 비난을 받아야 하는 일처럼 받아들이게 한다.

사건과 사고를 전하는 신문 기사를 잠시 들여다보자. "70대 노인 내연녀 폭행", "여대생 포함한 해외 원정 성매매" 같은 제목은 노인, 여대생을 특칭화하는 태도를 반영한다. 이런 사람들은 다른 집단에 비해 좀 '불공정하게' 깐깐한 잣대로 평가를 받는 것이다. 대개는 사회적으로 따돌림이나 질시를 당하는 사람들이다. 아니,

좀 더 많은 고정관념의 영향을 받는 사람들이다. 대학 교수나 성직자, 유명 정치인과 재벌 일가 등이 어떤 잘못을 저지르면 개인적 책임을 묻는 것에서 그치는 것이 아니라 특수한 집단의 신분이라는 이유로 감당하기 어려운 비난을 당하기도 한다.

이러한 집단적 특칭화의 문제는 사회적 통념을 근거로 하여 개인적 차원의 일을 집단적 차원의 일인 양 사건을 부풀린다는 데에 있다. 사회적 통념 가운데에서도 유독 편견이 가득 찬 시각으로 만들어낸 특칭화 현상도 있다. 요즘은 좀 뜸해졌지만 오래 전에는 '대학생'이라는 말에서 더 나아가 '여대생'이라는 특칭화를 많이 시도했다. 대학생 중에서도 여성이라면 더 잡다한 굴레를 씌워버린 것이다. 그래서 '대학생 아르바이트'라면 건전하게 보면서 '여대생 아르바이트'라고 하면 곱지 않은 색안경을 쓰고 보기도 했다. 더 심한 경우는 'E 여대생', 'S 여대생' 하며 익명화를 가장한 사실상 기명 표현도 적지 않았다. 편견과 색안경의 시대였다.

지금은 나아졌을까? 요즘은 특정한 대학생들에 대한 특칭화는 그리 심하지 않아 보인다. 워낙 다수가 대학에 진학하다 보니 굳이 대학생 여부로 특칭화를 하는 것은 무의미할 것이다. 그러나 비서울권 대학이라든지 제2 캠퍼스를 가리키는 말이 존재한다는 것은 우리 사회에서 특칭화를 통한 차별과 배제가 여전하다는 것을 보여준다.

빈부 차이에 대한 특칭화도 심심치 않게 들린다. 특히 어린이와 청소년들을 중심으로 공공 주택에 살고 있느니 아니면 임대 주택에 살고 있느니 하며 함께 자라야 할 친구들 가슴에 서슴없이 못을 박는 행동이 잦은 모양이다. 우리의 국어 시간은 바로 이런 문제점을 짚고 바로잡는 시간으로 삼아야 한다. 맞춤법과 표준어 교육보다도 더욱 더 예민하고 위험한 언어 현상이기 때문이다.

시각을 돌려 또 다른 집단을 살펴보자. 한국을 찾는 관광객 가운데 유독 중국인 관광객에게는 '유커'라는 단어를 자주 쓴다. 반면에 일본이나 미국에서 온 관광객들한테 '간코캬쿠'라든지 '투어리스트'라는 별칭을 붙였던 일은 없었다. 우리 언론을 보면 중국인 관광객들을 주로 씀씀이가 헤픈 '큰손'으로 보도하는 악습이 있다. 우리가 '유커'라는 단어를 애용하는 것은 사실 '우리의 벌거벗은 욕망'을 드러낸다. 관광을 오로지 손님 호주머니에 눈독 들이는 얄팍한 업종으로 보고 있을 뿐 아니라, 이웃나라 손님을 만만한 '호갱'으로 보지 않고서는 쓸 수 없는 말이다. 그렇다면 외국 관광지에서는 한국 관광객을 어떤 눈으로 보고 있을까? 유흥가를 배회하며 또 다른 욕망을 발산하는 집단으로 보는 눈은 이젠 사라졌을까?

관광업은 사회적으로나 문화적으로 매우 의미가 있는 업종이다. 상품과 화폐의 교환 못지않게 사람과의 만남이 중요한 업종이다. 즐거움과 이익도 있지만 사람 사는 냄새도 맡을 수 있고 시쳇말로 '민간외교'도 웬만큼은 가능한 분야이다. 관광산업의 육성을 오로지 돈 냄새만 좇는 사업이 아니라 사람들끼리 경험과 문화를 교환하는, 그래서 한층 더 수준 높은 삶을 즐길 줄 아는 사회적 흐름으로 자리 잡게 했으면 한다.

그러자면 명칭과 지칭에도 더 교양 있는 말을 사용해야 한다. 모든 관광객을 평등하게 일컫고 그들이 와서 쇼핑이나 자연환경만이 아니라 정중한 문화적 대접도 누리게 하자. 좋은 상품과 경치는 이 세상에 얼마든지 널려 있다. 그러나 마음으로 느끼는 문화적 감흥은 아무 데서나 받는 선물이 아니다. 그러려면 우선 한 걸음 더 발전한 명칭이 필요하다.

배제의 용어,
'학번'

대학의 입학 연도를 가리키는 '학번'이라는 말은 대학 졸업자들에게는 출신 학교의 이름과 함께 하나의 중요한 정체성을 제공한다. 동시에 동문들 사이의 유대감과 위계질서를 보여주기도 한다. 오래전에는 쓰이지 않던 말이다. 40여 년 전만 해도 대학에 늦게 진학하는 사람이 많아서 동급생들끼리도 나이 차이를 중요시했다. 그러다 1970년대 말에서 1980년대 초쯤에 학번이란 말이 널리 번졌다.

누구나 학교에 들어가면 으레 입학 연도가 있기 마련이니만큼 그것을 가리키는 용어가 생기는 것은 자연스러운 현상일 수 있다. 그런데 그 용어가 버젓이 신문 보도에 사용되고 저명인사들의 프로필에 등장한다면, 이 학번이란 말이 우리 사회에 던지는 의미와 기능을 곰곰이 되씹어볼 필요가 있다.

무엇보다 학번이라는 말은 대학 졸업자들에게만 해당되는 용어이다. 그렇기에 문맥상, 또는 대화의 흐름에서 대학을 다닌 적이 없는 사람들이나 검정고시 출신, 중퇴한 사람들을 '배제'하는 기능을 한다. 학제가 다른 외국에서 자란 사람들에게도 사용하기가 아주 불편하다. 그뿐인가? 학사 편입이나 복학을 한 사람들은 두 개의 학번에 연고가 생긴다. 6년제 대학이라고 할 수 있는 의과대학 출신들은 의예과 입학 연도보다 본과 진학 연도를 더욱 중요하게 여기고 있다. 그럼에도 불구하고 학번이란 용어는 대학 졸업자들 사이에서 망설임 없이 널리 사용되고 있다.

대학 출신자들의 입장을 생각해보면 이 용어가 그 나름 편리한 면이 있는 것도 사실이다. 어느 대학을 나왔는지 밝힘으로써 거대한 동문 집단과의 '인연'을 만들어낼 수가 있고, 학번을 통해서 인간적인 공감대가 쉽게 이루어지는 동기생들을 살갑게 불러낼 수가 있다. 대개 같은 학번들끼리 SNS로 연결되어 쉽게 의사소통을 하고 추억과 친교를 함께 나눌 수 있다는 장점이 있다. 특히 같은 학과 출신들끼리 동문의 안부를 주고받을 때는 그런대로 유용한 말이다.

학번이란 용어가 품고 있는 이런 따뜻한 일면은 어디까지나 '사사로운 인간관계' 속에서 이용될 때뿐이다. 공공의 세계에서 사용되기 시작하면 이 말은 삽시간에 누군가에게는 '넘을 수 없는 장벽'이 되고, 또 다른 누군가에게는 '기회의 연줄을 이어주는 실마리'가 된다. 특히 이것이 새로 등장한 공직자들을 소개하거나 홍보하는 데 사용되면 공직의 성격이 사적인 함의와 연결되기 쉽다. 중요한 요직에 부임한 아무개가 어느 대학 무슨 과 몇 학번이라는 것이 알려지면, 아는 사람들의 연줄 속에 금방 접근 통로가 떠오른다. 원래 의도는 아니었겠지만 연줄의 네트워크를 더욱 질기게 만들어주는 반작용만 일으킬 뿐이다.

마치 누구네 집 몇째 자식이냐는 말이 가족이나 친척들 사이에서는 중요하겠지만 공식적인 인물 정보에서는 불필요하거나 오히려 의심스러운 정보가 될 수 있듯이, 또 이력서에 첨부된 증명사진이 그 사람의 능력이나 잠재력이 아닌 용모에 대한 선입관만 주기 쉽듯이, 학번이라는 용어를 공식 보도나 문서에 사용하는 것은 올바르지 못한 공적인 판단을 불러올 수 있다. 이제는 공적 소통과 특히 인사 절차에서는 지워버리는 게 마땅한 사사로운 정보이다.

미래 사회는 대학 4년을 열심히 공부해서 훌륭한 사람이 된다는 전통적인 고등교육관으로는 버틸 수 없는 세상이 된다. 전문교육을 받고 10여 년 열심히 일하다가, 또 다른 고등교육기관에 편입하여 새로운 공부를 하고 다시 더 좋은 직장을 골라보고, 끊임없이 자기 성장을 도모해야 하는 '평생교육'의 체제에 들어서게 될 것이다. 누구는 대학을 졸업했지만 특정 전문대학에 가서 맞춤형 특수교육을 받아야 할 수 있고, 전문 분야에 따라 일반 대학보다는 일종의 사내 대학에서 훈련받는 것이 더 유리한 경우도 있을 수 있다. 뻔하고 뻔한 서울 시내의 대학에서만 공부하고, 한 줌밖에 안 되는 동문들끼리만 어울리려 하고, 자기네 모교가 천하제일인 줄 알고 사는 사람들의 눈높이로는 감당하기 어려운 경쟁 사회인 것이다. 이와 동시에 지식과 기술의 순환이 매우 빨라 누구하고든지 동문처럼 협력하고 화친해야 하는 사회로 진입하게 되어 있다. 즉, 미래 사회는 자기 모교와 학번에 대한 추억과 미련에서 쉽게 벗어나, 새로운 공동체에 잘 적응해가는 사람들의 세상이 된다는 말이다.

그날이 오면 학번, 모교 같은 말들은 어느 옛날의 품계나 골품제도의 추억 같은 대접을 받게 될 것이다. 낡은 단어를 먼저 버리는 사람이 승리할 것이다.

허울만 좋은
'명문'

'명문'이라는 지칭은 해당 학교에서 가르치는 사람에게나 배우는 사람에게나 대단히 자부심을 느끼게 하는 명예로운 이름이다. 그러나 좀 비판적인 눈으로 그 명칭의 생태를 들여다보면 조심해서 써야 할 말이라는 생각이 든다. 명문이라는 이름은 지금 이 시간의 학교 수준을 일컫는 말이 아니고, 오랫동안 쌓여온 명성에 기반하고 있다. 곧 과거의 성과를 기반으로 현재를 평가하는 말이기 때문에 유의해야 할 점들이 있다.

명문 학교가 있다는 것은 그만큼 교육 환경이 좋다는 말이기도 하고, 그 학교를 졸업한 좋은 인재들이 많다는 뜻이기도 하다.

그런데 다른 측면에서 보자면 명문이라는 단어 주변에는 이 단어를 이용한 '이익'을 노리는 집단들이 꼭 있다. 특히 입시 경쟁이 치열한 한국 사회의 경우는 도대체 명문 학교의 기능이 무엇인지 다시 생각해야 할 부분이 한둘이 아니다.

한국 사회에서의 명문은 다른 학교들을 지나치게 압도한다. 물론 거기에는 그 배경이 되는 역사가 있다. 근대화와 식민화가 동시에 진행되는 과정에서 사회의 극히 일부 계층만이 대학 진학이 가능했고, 그러다가 광복 이후 폭발적으로 학교의 '용량'이 늘어났다. 더구나 교육 콘텐츠를 보고 학교를 설립한 것이 아니라 땅이 있으면 학교를 세우는 식이었기 때문에 엄청난 부실화를 불러오기도 했다. 따라서 세운 지 오래된 학교가 상대적으로 압도적인 비교 우위를 지킬 수 있었다.

한번 조심스럽게 돌이켜 생각해보자. 한국 사회의 명문은 과연 무엇인가? 한국의 명문은 순위가 바뀌지 않고, 새로운 명문의 탄생도 거의 불가능하다. 한번 명문으로 꼽히면 다시는 주저앉지 않는다. 한 대학이 명문이라는 말을 들으면 모든 학과가 명문 대우를 받는다. 심지어 신설 학과나 부속기관까지도 갑자기 손꼽히는 명문이 된다. 공정한 경쟁의 산물이 아닐 가능성이 높다.

우리 머릿속에 있는 명문의 의미는 사실상 세상의 기득권을 뜻한다. 그렇기에 명문이라는 소문만이 중요하지, 그 내실에 신경 쓸 필요가 없다. 비교적 오래된 대학이기 때문에 그 졸업생들이 이미 사회 구석구석 포진해버렸다. 그들이 자기가 속한 기관이나 조직에서 내부의 위계질서를 만들고, 그 후배들은 선배들한테 충성을 바치는 것이 순환된다. 자연스레 또 그 학교 출신을 선호하는 분위기가 만들어진다. 그런 식으로 특정 학교 출신을 많이 채용하게 된다면 그들은 더 이상 공적 조직이 아니라 사적 조직이 될 위험성이 커진다. 행정부 같은 거대한 공공 조직의 수장급들이 특정 학교 출신일 경우 그 부작용은 더욱 심각하다. 사회의 구조적인 문제의 원인이 바로 여기에서 비롯한 것이다.

그렇기 때문에 학교들의 질적인 차이나 서열에 대한 세평은 믿을 게 못 된다. 대개는 오랜 세월 동안 쌓이고 쌓인 선입관과 착시 효과 덕분인 경우가 많다. 진정 학교들 사이의 질적인 차이와 그 발전을 관찰하려면 졸업생들의 활동이 '지금', '현장에서' 얼마나 공적으로 의미 있는지를 평가해야 한다. 당연히 신뢰할 수 있는 객관적이고도 공적인 잣대에 의해서 말이다. 그리고 정기적으로 그 평가가 지속되어야 한다. 그래서 좋은 학교라는 그 명예가 떠도는 소문 덕이 아니라 학교 구성원들의 지속적인 절차탁마의 산물이자 공적인 평가의 결과여야 그 학교의 교육 품질을 인정할 수 있는 것이다.

우리는 한때 대통령에게 '각하'라는 특별한 칭호를 사용하던 시대를 지나오기도 했다. 약 20여 년 전 그 칭호를 내던지고 나서는 호칭이 거북해진 것이 아니라 오히려 더 언어적 자유를 느끼지 않았던가? 시대의 성격에 맞지 않은 말이라면 과감히 버릴 수 있어야 한다.

이제는 교육기관에 '명문'과 같은 특별한 호칭을 부여함으로써 사회문화적 발전을 도모하는 시대가 아니다. 우리에게 필요한 '제대로 된 학교'란 이런 모습이 아닐까 한다. 명석한 사람, 지적인 발전이 느리지만 꾸준한 사람, 단시간에 성적을 올리는 사람만이 아니라 장시간 집중할 수 있는 사람 등 여러 종류의 사람들이 함께 어울려 공부할 수 있는 교육기관 말이다. 그러니 앞으로는 기술 발전에 공헌한 학교, 예술적 감각과 공감 능력을 키워주는 학교, 사회봉사로 업적을 남긴 학교, 공동체의 선구자를 배출한 학교 등등 다양한 교육기관을 길러내야 한다. 명문이라는 단어는 지금껏 그 아름다운 이름에 걸맞지 않게 몹시도 고약한 기능을 해왔다.

분화하는 가족을
품는 말

인간의 역사는 삶의 도구를 발전시키며 적응해온 자취이기도 하며, 사람들이 서로서로 어떤 관계를 맺고 세상의 파도와 맞싸우며 살아왔는지를 보여주는 발자국이기도 하다. 주어진 환경 조건과 맞서서 이겨내기 위해서는 여러 사람들이 모여 공동체를 만드는 것이 퍽 유리하다는 것을 발견하였을 터이고, 유능하고도 믿을 만한 '우리 편'을 만들려고 부단히 애써왔다.

　사람들이 경험해본 집단 가운데 가장 믿을 만한 것은 단연 '혈연집단'이었던 듯하다. 재물과 권력이 혈연집단을 중심으로 계승되어온 것은 동과 서를 막론하고 거의 비슷하다. 그러나 좀 비판

221

적인 눈으로 다시 본다면, 그 재물과 권력을 여러 대에 걸쳐 온전하게 계승해온 혈연집단을 찾기는 여간 어렵지 않다. 어떤 혈연집단도 무궁한 재물과 무한한 권력을 만들어내지는 못한 셈이다.

혈연집단의 구성은 무척 단순하다. 남성과 여성의 사회적 결합을 통하여 형성되는 '부부 관계'가 그 기본이다. 이 관계를 바탕으로 사회적 단위로까지 변화 발전시킨 것이 바로 가족제도이다. 부부가 자녀를 가지게 되고, 각자의 원가족을 중심으로 한 양가의 결속을 이루어내면서 사회경제적인 이익을 공유하려고 노력하고, 사회적 부와 힘을 기하급수적으로 강화해나가는 것이 '가족적 유대감'의 기본 공식이다.

가족은 혈연관계와 사회경제적 활동의 기본단위로 오래 기능해왔다. 그뿐만 아니라 삶을 위한 기초 교육의 수련장이기도 했다. 또 가족은 시대에 따라 신앙의 바탕이기도 했으며, 사회계급적 자산으로서의 기능도 했다. 이러던 가족이 오늘날에 와서는 변화를 맞고 있다. 독신 생활을 더는 특이하게 여기지 않게 되었고, 동성 결혼을 당당하게 선언하는 커플이 나오는 시대가 되었다. 나라와 지역에 따라 동성혼을 법적으로 인정하기도 한다. 가족이 수행해온 성별에 따른 분업 체계도 흔들리고 있다. 이렇게 되면 가족이란 낱말의 뜻도 재고해볼 필요가 있다.

전통적인 농경사회에서는 대가족제도가 유용했다. 토지 경작에는 조직적 노동이 필요한데 가족을 대체할 만한 일손을 찾기가 쉽지 않았기 때문이다. 시대가 지나 산업사회에 다다르게 되자 시민사회가 형성되었으며, 여기서는 핵가족제도가 적절했다. 산업사회에서는 대가족이 함께 일할 만한 사업장을 찾는 것이 불가능했다. 필요할 때는 신속하게 채용하고 불필요할 때는 재빨리 해고하는 것이 가장 유리했기 때문이다. 어찌 혈연집단을 손쉽게 해고할 수 있겠는가?

또 시민사회에서는 노동과 이에 따른 생산과 소비가 모두 개별화되고 있다. 집단 노동보다는 개별 노동을, 또 집단 노동을 했다 해도 개인의 기여도에 따라 달리 대가를 받기를 원하게 되어 있고, 행운도 기회도 불운도 개별화된다. 그리고 각자 알아서 살아남아야 한다. 세상에 이렇게 가혹한 경쟁 사회가 또 있을까 하는 한탄이 나온다. 정신적으로는 이미 모든 사람이 기러기 가족이 되어버린 것 같지 않은가?

이럴 때 가족이란 도대체 무슨 의미를 가지고 있을까? 즐거움보다는 지겨움과 불편함, 그리고 부담감만 주고 있는 제도 아닌가? 그러나 그러면서도 나이가 들어갈수록 가족한테 문제가 생기면 어쩌나 하는 걱정이 앞서기도 한다. 아직도 가족을 한 개인에게 육아의 기쁨과 그 추억을 제공하는 공감의 바탕으로, 또 병들거나 늙은 연후에 자신을 돌봐줄 최후의 돌보미로 기대하고 있는 것 같다.

작은 혈연 중심의 가족을 예전 모습 그대로 유지하기에는 시대가 매우 많이 변화했다. 이제는 전통적인 가족보다는 더 큰 의미의 사회공동체의 안위를 걱정해야 하지 않을까 한다. 그러기 위해서는 우리 공동체가 다양한 종류의 가족을 품어 안을 수 있어야 한다. 벌써부터 '독신가족, 한부모가족, 조손가족'과 같은 새로운 단어가 나타나기 시작했다. '가족'의 양상이 달라지고 있는 것이다. 외국에는 이미 '동성가족'까지 법률 안에서 인정하는 사례가 생기고 있다. 우리도 이렇게 넋 놓고 있을 새가 없다. 가상적인 예를 든다면, 가칭 공동거주가족이라든지 조합가족이라든지, 아니면 옛날 수양부모가 있었던 것처럼 서로 배려하고 후원해주는 수양가족, 혹은 후원가족 등 다양한 기초 단위에 대해 창의적으로 접근해야 하지 않을까 한다. 적극적으로 민법을 개정할 필요도 있다. 언어에 있어서도 단순한 '가족'을 해체하고, 다양한 의미를 담을 수 있는 다의어 혹은 신조어를 필요로 한다.

　우리는 어느새 아무런 준비 없이 다른 시대에 들어서버린 것 같다. 그리고 무언지 모를 어두컴컴한 시대에 후세대의 미래를 내던져버리지 않았는가 하는 걱정이 앞선다. 가족의 복원이 아니라 새로운 대안적 가족제도가 필요하다. 그것을 지향하다 보면 가족의 대안적 의미와 함께 새로운 대안적 사회가 더 빨리 다가올 것이다.

가족에 대한 편견을
강화하는 말

많은 사람들이 동의하는 사회생활의 미덕 중 하나는 남의 '가족 문제'에 개입하지 말자는 생각일 터이다. 비록 가족도 민법에 의거한 하나의 사회적 단위에 지나지 않는다고 볼 수 있기는 하지만, 가족만큼 복잡한 사회 단위를 찾기는 어렵다. 가족은 감성적 단위이면서 동시에 경제적 단위이다. 그러면서 사회적 단위도 되고, 혈연관계의 첫 실마리이기도 하다. 또 종교적 단위이기도 한 가족이 아직도 참 많다. 이렇게 복잡하고 복합적인 속성을 띠고 있는 것이 가족인데, 남의 집 가족 문제를 그저 우리하고 비슷한 일이겠거니 하고 손쉽게 개입했다가는 밑천도 찾지 못할 가능성이 많다.

특히 요즘 세상의 가족 구성을 들여다보면 다양한 요소가 많이 섞여 있다. 옛날과 달리 재혼한 부부도 많고, 혼인신고는 하지 않았더라도 '사실혼' 관계인 경우가 적잖다. 이혼하고 왕래를 끊은 집이 있는가 하면, 서로 왕래를 자주하는 경우도 보인다. 황혼이혼 이야기가 들리고, 심지어 '졸혼'이라는 새로운 풍속마저 나타나고 있다. 한국에서는 법적으로 인정되지 않는 '동성혼'에 대한 이야기도 종종 오간다. 단지 법적으로 범죄시하는 '중혼', 여러 사람과 배우자 관계를 맺는 일만큼은 금지되어 있다. 남성을 중심으로 이루어지는 중혼은 사실상 옛날의 축첩제도와 하등 다를 것이 없다.

이렇게 가족의 형태가 다양해지면 당연히 가족 구성원들의 삶도 다양하고 복잡해진다. 부모를 가리키는 단어만 하더라도 미혼모, 미혼부, 한부모 혹은 편부모, 양부모, 게다가 미성년 미혼모, 자발적 미혼모 등 가짓수가 많은데, '가족'이란 단어 하나로 모든 사회 구성원들의 삶을 그려낸다는 것이 참으로 무모하게만 느껴진다. 그러다 보니 가족은 행복과 공감, 따뜻한 유대감 등의 연원인 동시에 수많은 갈등과 사고의 원천이 되기도 한다.

문제가 없지는 않았지만 그래도 가족 윤리만큼은 우리의 문화권이 반듯한 편이라고 자부해왔는데, 심심치 않게 벌어지는 아동 학대 사건들을 보면 그런 믿음에 의구심이 생긴다. 자기 자녀를 해도 해도 너무할 정도로 포악하게 상하게 했다는 이야기도 들려온다. 이것은 그 사람이 특별히 나쁜 사람이어서 저지른 사건이라고 단순화할 일은 아닌 것 같다. 일종의 사회적인 병리 현상으로 보고 신중히 진단해서 치유해야 할 문제다.

　　이런 병리 현상에 대한 조사와 분석은 당연히 수사관과 정신의학자들의 몫이다. 그렇지만 말에 대해서 짚고 넘어가지 않을 수 없는 부분이 있다. 우리는 전통적으로 실제 출산을 통해 맺어진 부모와 자식의 관계가 아닌, 재혼을 통해 맺어진 사이에서는 '의붓-'이라는 접두사를 붙여서 '의붓아버지' '의붓어머니'로, 혹은 '계부' '계모'로 그 양친을 일컫는다. '혈연'을 귀중하게 여기다 보니 그 핏줄에 무언가의 '굴절'이 생긴 것을 그대로 눈감고 지나치지 못한 것이다.

　　의붓아버지나 의붓어머니가 등장하는 옛날이야기나 속담들을 보면 늘 고약한 역할을 맡고 있어서 좋지 않은 선입관을 주기에 딱 알맞다. 게다가 일부 아동 학대 사건에 이러한 관계의 부모가 연관되었다고 보도가 되면 사람들의 선입관이 더욱더 견고해지지 않을까 걱정이다. 옛날이야기에 나오는 의붓아버지와 의붓어머니의 부정적인 면이 자연스럽게 보도를 통해 더욱 고정관념으로 굳어지지 않겠냐는 말이다.

　어린이가 어른한테서 피해를 당한다면 모든 어른들이 스스로를 되돌아보아야 할 문제이지, 재혼한 사람들만의 문제인 것처럼 생각하는 것은 인과 관계를 크게 곡해하는 일이다. 또 많은 사람들의 인격에 불신을 심어주는 위험한 언어폭력이기도 하다. 옛날에 비해 지금은 이혼과 재혼이 자유스러워졌다. 따라서 이 문제를 우물우물 지나칠 것이 아니다. 재혼 가정에서 벌어지는 아동학대는 혈연 여부를 떠나, 사회의 양극화 혹은 실업률이나 개인 부채 등의 객관적 수치와 연결되어 있을 가능성이 더 크다. 또 어린이 인권에 대한 인식 부족도 한몫을 한다. 우선은 언론 매체가 편견에 가득 찬 어휘를 미리 걸러내야 한다. 누구든지 겪을 수 있는 보편적인 문제로 보고 문제를 풀어야 한다는 말이다. 가족 구성원이 피해를 당하거나 희생되는 일이 없으려면 성인 구성원들의 책임 의식이 더욱 중요하다. 이 이상 불행한 가정사를 자녀들의 운명인 것처럼 꾸미지 말자.

가족 호칭의
혁신

한국어의 호칭 문제는 복잡하고도 난해한 여러 문제가 함께 얽혀 있다. 그래서 단칼에 무 자르듯 처리하기가 쉽지 않다. 호칭 문제는 공적인 영역과 사적인 영역으로 나누어 볼 필요가 있는데, 사적인 호칭 가운데서도 특히 복잡한 것은 가족 내부의 호칭이다.

가족 호칭 가운데 일단 관심을 가지고 보아야 할 것은 여성과 관련된 호칭이다. 건강한 사회 통합을 위해서라도 비판적으로 되돌아보아야 할 필요가 있다. 살펴보면 여성에 대한 호칭도 문제이지만, 여성이 사용하는 호칭도 문제이다. 왜 시동생을 '도련님'이라 해야 하느냐 하는 여성들의 불만은 전적으로 타당하다.

호칭 체계는 독립적 범주가 아니다. 단어 몇 개 바꾸어서 되는 일이 아니라는 것이다. 우리의 가족 호칭은 철저하게 남성 혈통 중심이고, 동시에 남성 중심의 사회구조와 연동되어 있다. 구체적으로 예를 들어보자.

'부계'와 '모계'라는 말은 동등하게 대칭적일 것만 같지만 그렇지 않다. 분명하게도 비대칭적이다. 본인을 중심으로 세대가 올라가면서 아버지, 할아버지, 증조할아버지 하며 지칭과 호칭이 쌓여간다. 그런데 어머니 계통을 거슬러 올라가보면 짝이 맞지 않는다. 아버지의 짝은 어머니가 맞는데 어머니의 어머니는 할머니가 아니라 외할머니다. 외할머니는 다른 집의 계보에 들어가 있다. 외할아버지의 짝이지 할아버지의 짝이 아니라는 것이다. 그러므로 본인-아버지-할아버지-증조할아버지로 올라가는 계보는 직계 혈연인데, 본인-어머니-할머니-증조할머니로 올라가는 계보는 며느리와 시어머니의 관계이지 혈통상의 모계가 아니다.

그렇기 때문에 가부장 사회에서 외가는 한 세대가 지나면 사라진다. 어린 시절에는 이모, 외삼촌과 가까이 지내더라도 그다음 세대에겐 또 새로운 외가가 생기게 되니, 어느 자녀가 할머니 쪽 친정에 관심을 가지겠는가? 호칭조차 마땅치 않다. 어머니의 형제자매들한테는 외삼촌, 외숙모라는 호칭이 있지만 할머니의 남자형제분들은 어찌 불러야 할까? 또 여자형제분들은 어떻게 해야 하는가? 오래된 사전을 보면 할머니 쪽 친척에게는 '넛-'이라는 접두사를 붙이도록 되어 있다. 그래서 '넛할아버지'라는 말의 실제 용례를 찾아보았지만 도저히 찾지 못하겠다. 아무도 모르고 오로지 사전에만 올라 있는 것을 보니 사실상 쓰이지 않는 말인 것 같다. 이런 식으로 두어 세대 내려가면 아마 얼굴도, 이름도 모르는 관계가 될 것이다. 우리의 혈연간 호칭 체계를 본다면 마치 부계와 모계가 대칭일 것 같으면서도 어머니 계통은 사실상 당대에 끝나다시피 하는, '서로 오가는 관계'가 아니라 일종의 '막다른 관계'에 지나지 않는다.

이 문제를 합리적으로 해결하려면 아버지 계통과 어머니 계통 사이의 불평등을 근본적으로 해소하거나, 전통적인 친족 체계를 차근차근 해체해나가는 수밖에 없다. 사실 친족 체계의 해체는 지금도 서서히 자연스럽게 진행되어가고 있다. 요즘에는 4촌만 되어도 관계가 많이 성글다. 서로 생일도 잘 모르고, 서로 오간 지도 오래된다고들 한다. 일가붙이들의 결혼식이나 장례식에서 보고 인사 나누는 정도가 대부분이다.

더 나은 방식은 호칭 문제도 해결하고, 의사소통을 활발하게 할 수 있는 여건을 만들어보는 것이다. 그러려면 호칭을 더 간소하게, 평등하게, 자존심 상하지 않게 혁신해야 한다. 현대사회에서 친족 관계는 시민사회의 구조 속에 흡수시키는 것이 바람직하다. 특정 문중의 구성원으로 만나는 것이 아니라 혈연적 근거를 가진 '시민적 관계'를 형성하는 것이다. 촌수를 따지는 친소 관계 말고, 서로 성인으로 대접하며 동등한 신분과 자격으로 서로 편하고 친근한 관계 형성을 목표로 하는 것이 모두에게 유리하다.

세상은 달라지고 있다. 요즘은 육아에 있어서 외가 의존도가 높다. 아이들도 과거보다 더 외가에 친숙하다. 자연스레 친정의 발언권도 점점 강해질 것이다. '도련님, 아주버님' 같은 일부 호칭만 문제 삼지 말고, 친족 호칭 전체를 재구성할 용기가 필요하다. 아버지 항렬은 모두 '큰아버지/작은아버지'로, 어머니 항렬은 모두 '큰어머니/작은어머니'로 간단히 하고, 같은 항렬에서는 이름에 붙여서 '아무개 씨' 정도로 과감하게 낡은 제도와 작별을 고할 준비를 해야 한다. 그렇게 가부장 제도의 철폐 내지 약화 없이는 해결 난망이다.

가부장적 친족 제도는 더 이상 미풍양속도 아니고 민법과 잘 어울리지도 않는다. 이제는 단출한 핵가족을 중심으로, 나머지는 '혈연을 나누었으나 독립적인 개인'의 합리적 관계로 만족해야 한다. 친족 내부의 '상부상조'와 '품앗이'는 이제 사회보장과 복지 제도를 통해 해결하는 게 옳다. 그것이 미래의 우리 사회를 제대로 통합할 수 있는 문화 혁신의 지름길이다.

보이지 않는
아빠와 엄마

남성과 여성이 평등해야 한다는 말을 당연하다는 듯 되뇌고 있으면서도, 실제 일상에서 눈에 띄는 여성들의 불편함과 불리함은 뿌리가 깊다. 민주주의니 만민 평등이니 하는 추상적 구호가 일상에서 구체적으로 구현되기가 만만치 않음을 보여주는 사례라고 할수 있겠다. 학교 교육의 기회라든지 소비 생활에서는 남성과 여성의 평등이 구현된 듯이 보이는 부분도 있지만, 취업과 승진, 폭력앞에서의 자기 방어 등의 문제에서 여성들은 대단히 취약한 위치로부터 벗어나지 못하고 있다. 더 나아가 출산과 육아 영역에서는아직도 여성들 혼자서 짊어진 짐의 크기가 태산 같기만 하다.

요즘은 특정 여성을 가리킬 때에 '-여(女)'라는 접미사를 붙이는 게 보통이지만, 옛날부터 쓰던 말에는 특정한 역할을 하는 여성을 가리켜 '-모(母)'를 더 많이 사용했던 것 같다. 예를 들어 '식모, 침모, 유모, 주모, 다모' 등의 어휘는 '어머니'라는 의미보다는 '여성 직업인'이라는 뜻을 더 뚜렷하게 품고 있다.

오늘날 사용하는 말 가운데 '-모'라는 접미사가 붙은 말은 '대리모'나 '미혼모' 정도에 지나지 않는다. 조금 벗어난 이야기지만 종종 '이모'라는 말이 어머니의 역할을 대리하거나 보조하는 사람을 가리키기도 한다. 대리모와 미혼모는 모두 출산의 문제와 깊이 관련되어 있다. 동시에 지금 사회적 변화와 갈등이 일어나고 있는 지점에서 뜨겁게 달구어진 쟁점들과 깊이 연결된 말들이다.

대리모는 출산의 직접적인 당사자이다. 그러나 자신을 임신하게 한 남성은 자신이 선택한 사람이 아니다. 자신은 오로지 선택을 받았을 뿐이다. 그리고 자기가 낳은 아기에 대해 아무런 친권이 없다. 아기를 낳았지만 그의 어머니가 아닌 것이다. 그리고 출산을 마치면 자궁 제공자로서의 의무가 끝나고, 제반 권리는 포기하게 된다. 태어난 아기의 삶에서 대리모의 존재는 지워져버리며, 아기는 버림받은 존재가 아니면서도 생모를 갖지 못한 존재로 자란다.

이 관계를 비판적으로 본다면 대리모를 통해 아기를 얻은 부모야말로 영원한 '대리 부모'가 아닌가 하는 의문을 지울 수 없다.

또 하나 관심을 가져야 할 단어가 '미혼모'이다. 요즘의 국어사전을 들춰보면 미혼모라는 단어가 당연하다는 듯이 있지만, 1960년대만 해도 국어사전에는 없던 말이 1980년대에 들어서면서 사전에 올랐다. 신문에는 1970년대 초에 등장했다. '미혼모'는 문자 그대로 해석하자면 '아직 결혼을 하지 않은 아기 엄마'라는 뜻이지만 그것만 담고 있는 것이 아니다. 그 사람의 임신과 출산 모두가 사회적으로나 문화적으로 인정받지 못한다는 엄청난 뜻이 담겨 있다. 즉, 엄마와 아기가 모두 정당성이 없는 존재라는 말이다. 그런데 따지고 보면 어찌 아빠 없이 아기를 낳을 수 있었겠는가? 그 아빠도 '인정받지 못한' 임신과 출산의 공동 책임자가 아니었던가? 그러나 그 아빠를 가리키는 단어는 국어사전 어디에서도 찾을 수가 없다. 아니, 국어사전만이 아니다. 이럴 경우에 그 아빠를 뭐라고 지칭해야 하는지, 그런 단어에 대한 어떠한 윤곽도 우리 머릿속에서 찾아보기 힘들다.

사전에 그러한 단어가 없다는 것은 사전 편찬자들의 실수가 아니다. 사전 편찬자는 아무도 쓰지 않는 단어는 절대로 사전에

신지 않는다. 한국어 사용자들이 대리모와 미혼모에 상대되는 단어를 만들어내지 않았던 이유는 무엇일까. 대리모를 필요로 하는 법적인 부모들의 신분과, 미혼모를 탄생시킨 남성의 신원을 철저하게 감추어주는 일에 사실상 동참했기 때문이다. 그 점에서 우리 모두 법적으로, 개인적으로 공범인 셈이다. 곧 '미혼모'라는 단어가 나타난 이후로 반세기 가까이 지났지만, 그동안 우리는 '사라진 아빠'들을 제대로 호출해 불러낸 적이 없다. 그리고 그 '법률과 어긋난 관계'에 대한 책임은 오로지 신원이 들통난 엄마들, 즉 미혼모들에게 돌아갔다. 그에 따르는 모든 불이익과 모욕, 수치의 강요가 사회적으로나 문화적으로 심각한 약자인 엄마들에게만 돌아간 것이다. 그뿐인가? 태어난 아이들은 '사생아'라는, 본인이 전혀 책임질 수 없는 굴레에 빠진 삶을 살아야 했다. 인간의 삶에서 태어난다는 일은 사회적이고 공적인 현상이다. 그런데 감히 사사로이 태어났다는 뜻을 담아 '사생(私生)'이라는 이름을 붙였으니 이는 극도로 모욕적인 낙인이다.

대리모나 미혼모라는 말들은 여성의 삶이 어떻게 처절하게 왜곡될 수 있는지를 보여준다. 동시에 그 말들은 우리 사회의 모순을 극명하게 보여준다. 아기를 못 낳는 이들에게 몸을 빌려주고, 태어난 아기와의 모든 인간적 관계를 포기하며 영원히 숨어버리는 삶. 또는 자신을 임신하게 만든 남성을 법적으로 지명하거나 소환하지 못한 채 혼자 아이를 낳고 길러야 하는 삶. 오로지 여성이라는 이유로 이러한 삶을 운명적으로 받아들여야 한다면, 인간의 삶은 얼마나 불의하게 조작되어 있는 셈인가? 게다가 대리모에게서 태어난 아이는 조작된 가족의 구성원으로 살아갈 수밖에 없으며, 미혼모에게서 태어난 아기는 아무 잘못도 없이 삶의 첫 시작부터 삐거덕거리기 쉬울 것이다.

이제는 숨어버린 어머니와 아버지의 존재를 찾아야 하지 않을까? 대리모에게는 '생모'라는 바른 이름을 돌려주고, 미혼모의 가정에는 공동 책임자인 아빠를 찾아주어야 한다. 그들을 찾으려면 우선 호출할 수 있는 단어가 필요하다. 그 단어로 법조문을 만들고, 구체적인 아빠로서의 공동 책임을 묻고, 자신의 도덕적 의무를 다하게 해야 한다.

아직 죽지 못한 사람,
미망인

지난날 우리의 할아버지와 할머니께서 지내시던 시절을 떠올려 보면, 그사이 남성과 여성의 관계에는 분명 많은 변화가 있었다. 그 옛날에는 식사 자리에서 아들들은 할아버지와 겸상이었고, 어머니와 딸들은 따로 식사를 했다. 집안이 가난하면 딸들은 오빠나 남동생들을 위해 배움의 기회를 포기했다. 남성 중심의 가족 편성에서 여성들은 그저 '예속된 사람'에 지나지 않았다. 예전과 달리 독립된 주체로서 평등한 가족 구성원의 위치를 확립해야 하는 이 시대에 아직도 수백, 수천 년 전에 형성된 낡은 시각의 잔재가 남아 있다면 성찰의 기회로 삼아야 할 것이다.

요즘에 와서는 자녀를 출산할 때의 남아 선호는 상당히 수그러든 것 같기는 하지만, 사회 곳곳에 남성 위주로 편성된 제도적인 장치들은 여전히 아직 멀었구나 하는 생각을 하게 한다. 자세히 둘러보면 우리가 부지불식간에 쓰는 어휘 속에도 배타적인 성적 구별을 노리는 뜻이 여기저기 도사리고 있다.

대표적인 경우 하나를 들어보자. 남편이 먼저 죽어 홀로 남은 여성을 우리는 '미망인(未亡人)'이라고 부른다. 속되게 표현하는 과부니 과수댁이니 하는 말보다 매우 세련되고 다듬어진 말처럼 들린다. 그러나 그 뜻을 들여다보면 '아직 죽지 않은 사람'이라는 섬뜩한 의미가 담겨 있으니, 이를 알고 나면 함부로 입 밖에 내뱉을 단어가 아니라는 생각이 들 것이다. 특히 가까운 사람들한테 가볍게 쓸 수 있는 단어가 아니다.

이 말이 사용된 옛 문헌을 찾아보면 『춘추좌씨전』에서 그 근거를 찾을 수 있다. 초나라에 영윤이라는 벼슬을 하던 자원이란 호색한이 있었다 한다. 자원은 문왕이 세상을 뜨자 그 부인을 유혹할 요량으로 부인의 집 옆에서 은나라의 음악을 울리고 춤을 추게 하였다. 부인은 음악 소리를 듣자 눈물을 흘리며 말했다. "선군께서는 이 춤과 음악을 군대를 조련하며 쓰시곤 했는데, 지금은 원수들을 치기 위해서가 아니라 이 미망인 옆에서 하고 있으니 이상하기 짝이 없구나." 이 말을 듣고 자원은 즉시 춤과 음악을 걷어치우고 말았다는 이야기가 기록되어 전해진다.

이 이야기를 놓고 보자면 원래 '미망인'은 1인칭을 나타내는 표현이었다. 남편을 여읜 여성이 '자기 스스로'를 '아직 죽지 못한 사람'이라고 일컫은 것이다. 따라서 이 말은 남편을 잃은 여성이 남편을 어서 따라가고 싶다는 매우 애달프고도 감상적인 느낌을 표현하는 것이었다. 이러한 말을 요즘은 아무 생각 없이 그냥 2인칭, 3인칭으로 쓰고 있다. 아무리 생각해보아도 가당치 않은 용법이다.

요즘 세상의 흐름을 따라가며 이 문제를 새겨본다면, 배우자를 잃었을 때의 정신적 아픔과 마음의 상처를 그렇게도 극단적으로 표현할 필요는 없지 않을까 싶다. 그 단어가 생겨났던 2~3천 년 전의 중국에서는 배우자를 잃은 여성의 삶이란 정말 하늘이 무너진 것보다 더한 충격이었을지도 모른다. 하지만 요즘 세상에서는 애도의 시간이 어느 정도 지나면 담담하게 일상으로 복귀하는 것이 더 상식적이고 바람직한 태도가 아니겠는가? 공무원들도 부모가 돌아가시거나 배우자를 잃었을 때 닷새의 경조사 휴가가 있을 뿐이다. 그리고 몇 해 동안 기일을 지키며 가족 모임을 가지다가 3년이 되면 탈상하는 게 정상이 아닌가? 그만큼 현대사회에서 삶과 죽음을 보는 눈, 배우자를 여의는 것의 의미 등에 대해 예전에 비해 매우 합리적인 인식을 하게 되었다.

애도하는 기간에 홀로된 배우자를 군이 거명해야 할 자리가 있다면 "돌아가신 고 아무개의 부인 누구누구께서…" 하는 식으로 풀어 말하면 군이 '미망인'이라는 단어를 쓰는 것보다 오히려 더 자연스럽고 품위도 있어 보인다. 반대로 아내가 먼저 세상을 뜬 경우 홀로된 남편을 언급해야 할 경우라면 "돌아가신 고 아무개의 남편…"이라고 말하면 된다.

성 평등이라는 것은 그냥 겉멋으로 하는 말이 아니다. 세상을 보는 눈을 바꿔야 한다. 보는 눈이 바뀌면 말도 어떻게 바뀌는 게 좋은지 이런저런 생각이 들게 마련이다. 그리고 마음으로만, 말로만 간단하게 이루어지는 것이 아니다. 스스로의 인습도 극복해야 하고, 제도 및 법률의 개혁도 필요하다. 나아가 나도 모르게 내 마음에 편견과 고정관념을 심어주는 수많은 세상일과의 작별도 필수적이다.

장손과
손주

으레 명절이 다가오면 몇 가지 뻔한 화젯거리가 있다. 제일 먼저
는 먹는 것에 대한 이야기다. 그다음은 고향집 다녀오는 교통편
이야기, 교통난으로 말미암은 역귀성 이야기, 그리고 종종 정치권
에서 이야기하는 전국 민심의 흐름 등이 대표적인 화제일 것이다.
그런데 요즘은 그에 못지않게 '말'에 대한 이야깃거리도 심심찮게
오간다. 특히 젊은 세대가 손윗세대로부터 결혼이나 취업 이야기
듣기를 끔찍하게 싫어한다든지, 여성의 인권과 관련된 '도련님'이
니 '아가씨'니 하는 호칭이 타당한지 하는 등 말이다. 그만큼 언어
에 대한 감수성이 점점 예민해지고 있다는 증거이기도 하다.

게다가 오래간만에 반가운 소식이 들려왔다. 국가인권위원회는 2019년 7월에 국가보훈처에다가 독립유공자 장손(손자녀)의 자녀에 대한 취업 지원을 할 때 장손을 '장남의 장남'으로 보는 것은 차별이라고 판단하고 개선할 것을 권고했는데, 국가보훈처가 이를 수용했다. 지금까지 가문을 잇는 대표적인 후계자는 당연히 '장남'이어야 한다고들 생각했는데 이에 대한 고정관념을 깨버린 셈이다. 이에 따라 '장손'이라는 개념은 장남의 장남이 아니라 첫째 자녀의 첫째 자녀가 되며, 당연히 딸들도 그 대상 후보로 고려해야 하게 된 것이다.

이런 일은 어찌 보면 극히 당연하면서도 간단히 결론을 내릴 수 있을 텐데, 참으로 오랜 동안 우여곡절을 겪으면서 겨우 한두 뼘씩 나아가고 있는 것 같다. 오래 사용하던 말을 바꾼다는 것은 그리 간단한 일이 아니다. 그 말이 누구에게는 불리하고 또 다른 누구에게는 유리할 경우라면 더욱 더 그렇다. 이러한 성 평등 원칙은 성인들의 언어에서도 중요하지만 또한 어린이들을 이르는 말도 예민한 언어 감수성을 가지고 한 번 더 생각해야 할 경우도 있다.

보통 처음에 손자를 얻게 되면 "우리 집 장손입니다" 하며 자랑스러워한다. 그러나 맏손녀의 경우에는 그런 말이 오가는 것 같지 않다. 성 평등을 더욱 더 적극적으로 실행하려 한다면 앞으로는 여자아이가 맏이로 태어났을 때도 마찬가지 표현을 하는 것이 올바르지 않을까 한다. 굳이 남자만 장손이어야 할 필연적인 이유도 없다. 또 요즘의 '장손'이라는 표현은 일종의 추어주는 말일 뿐, 이렇다 할 실익이나 특별한 기능이 있는 것도 아니다. 그냥 말로 자부심을 북돋는 예우 정도라고 할 수 있다. 그러나 가족 내부에서부터 남성과 여성을 평등하게 대하는 기풍을 살리기 위해서라도 수사적으로 사용해봄직하다. 낡은 전통에서 해방되려면 분명한 '의식'과 '의지'를 천명할 필요가 있기 때문이다.

또 하나, 그리 잘 알려지지 않은 자그마한 개선도 몇 년 전에 있었다. '손주'라는 말이 표준어로 인정을 받은 것이다. 원래 '손주'는 '손자'라는 말의 비표준형으로 생각되어서 표준어에 포함되지 않았었다. 그러나 실제 언어생활에서 손자는 자녀의 아들만을 가리키는 데 반해, 손주는 자녀의 아들딸 모두를 가리키고 있다는 지적을 수용한 것이다. 손주도 표준형으로 인정하면서 증손주의 문제도 함께 논의했으면 좋았을걸 하는 아쉬움은 있으나 일단 손주가 표준형으로 인정되었으면 '증손주', '외손주'의 문제도 반 이상 이미 해결된 것이나 다름없다는 생각이다.

주제에서 벗어나는 이야기이긴 하지만, 요즘은 '견손주'라는 말도 쓰인다 한다. 자녀들이 외국 여행을 떠날 때 집에 남겨두는 반려견을 좀 보살펴달라고 부모님들한테 부탁을 하는 것이 일상화되면서 생겨난 말이다. 부모들의 입장에서 본다면 손주 같은 강아지를 돌봐야 한다는 말이 된다. 그만큼 이제는 '손주'라는 말에 혈연관계를 분명히 하려는 태도보다는 '돌봐주고 신경 써야 하는 귀염둥이' 정도의 의미가 많이 생긴 것이다.

그러고 보니 원래의 표준형이었던 '손자'는 마치 전통적인 가부장적 단어처럼 느껴지는 것 같기도 하고, 뒤늦게 인정받은 '손주'는 마치 진취적인 성 평등 의식이나 자애로운 애정을 베푸는 대상을 암시하는 느낌을 주기도 한다. 어떻든 앞으로는 되도록 손주라는 말을 써서 성별에 대한 여러 고정관념에서 자유로워질 수 있었으면 한다. 물론 이렇게 단어 하나 정리한다고 해서 자동적으로 성 평등 사회에 다가서는 것은 아닐 것이다. 어휘의 교체는 하나의 계기로서의 기능이 더 중요할 뿐이다. 그 이상의 발전은 좀 더 의식적인 실천을 통할 때 가능할 것이다.

고령화 시대의
언어 문제

사람의 수명이 날로 늘어난다. 2000년대 들어오기 전만 해도 여든 넘은 나이에 돌아가시면 천수를 누렸다는 말을 듣곤 했는데, 요즘은 여든 살 정도로는 성에 안 차는 분위기이다. 우선 건강 수명이 늘어났다. 주위를 둘러보면 일흔 넘은 나이에도 자동차 운전을 능숙하게 하는 분들이 꽤 된다. 여행도 지치지 않고 열심이다. 기본적으로 일도 옛날보다 더 많이 하는 것 같다. 젊은 세대의 경쟁이 심해지니까 자식 세대를 위해서라도 봉양 받을 생각 않고 무언가 보탬이 되게 몸을 움직이는 것이다. 경우에 따라 무척 버겁지만 손주들도 맡아주어야 한다. 그렇게 움직이다 보니 역설적으로 또 건강을 유지할 수도 있는 모양이다. 기대 수명이 날로 늘어나면서 장수보다 건강 수명에 관심을 가지는 시대이기도 하다. 보건, 복지, 의료 등에서도 고령화 문제를 주요 과제로 고민하고 있다.

솔직히 즐길 거리도 옛날보다 무척 많아졌다. 티브이 채널도 엄청나게 많아졌고 프로도 매우 다양하다. 영화의 수준과 품질도 매우 좋아졌다. 옛날에는 전문가들만 즐기던 뮤지컬이라는 것도 볼 기회가 늘었다. 스포츠도 다양해지고 수준이 높아졌다. 교통비도 적게 든다. 요즘의 노인들은 옛날 영감님들과는 전혀 다른 삶을 살고 있는 중이다.

다 좋은데 어려운 문제가 하나 있다. 바로 언어 문제이다. 젊은 사람들과 어울려보려 해도 그들의 언어와 어휘를 알아듣기 어렵다. 그들의 언어를 억지로 흉내 내봤자 더 어색하고 격에 안 맞는 표현만 나온다. 칠십 넘은 노인들도 1960, 70년대엔 팔팔한 시절을 보냈다. 그러나 그 시절에 사용하던 재치 있는 표현들은 이제 완전히 한물간 말이 되어가고 있다.

노인들이 말 때문에 불편한 것은 한두 가지가 아니다. 단순히 새말 때문만이 아니다. 공공 기관에 가도 안내하는 '젊은 분'들의 말이 너무 빠르다. 미안하게도 자꾸 되묻게 된다. 특히 거대한 종합

병원 같은 곳에서는 늘 어리둥절하게 마련이다. 날이 갈수록 '주변화'되고 있다는 느낌, 바로 그것이 노인들의 소외감일 것이다. 그러다가 동네 병원에 가면 마음이 느긋해진다. 톱니바퀴처럼 숨 쉴 겨를도 없는 조직 체계가 불편하게 느껴지고, 마음 편한 환경을 찾게 된다. 현존하는 세상의 반 이상은 노인들 세대가 만들어놓은 것이리라. 그런데 그 세상이 사용하는 말은 그들에게는 하염없이 생소해지고 있다. 유감스럽게도 이미 그들의 세상이 아닌 것이다.

젊은 사람들이 활발하게 사용하는 신조어나 특이한 약어에도 매우 불편함을 느낀다. 새로운 외래어가 지독히 낯선 것은 물론이다. 그렇다고 그런 언어를 탓하기도 쉽지는 않다. 노인의 언어가 '고령자 방언'이 되어가고 있는 중이기 때문이다. 이렇게 세대 간의 소통 장애는 스멀스멀 다가오고 있다. 노인의 언어로는 젊은 세대들과 대화를 이어가지 못하는 경우도 많다. "나 때는 말이야…"라든지 "그건 내가 많이 해봐서 아는데…" 하는 말은 젊은 사람들이 끔찍하게 싫어하는 말이다. 그런 식으로는 절대 세대 간의 소통이 이루어지지 않는다.

말이 달라진다는 것, 그래서 의미 해석이 어려워진다는 것은 결코 작은 불편이 아니다. 예를 들어 안전하니 걱정 말라는 말을 믿고 노후 자금을 몽땅 'DLF'에 밀어 넣었다가 홀라당 날렸다는 고령 투자자들은, 그 말의 뜻을 알고 돈을 넣었을까? 아니 최소한 '파생 결합 상품'이란 말의 뜻이라도 알고 투자했을까? 어느 드라마에 나와 유명해진 대사처럼 "저를 믿으셔야 합니다"라고 속삭이는 홍보 담당자나 실무 직원들의 말에 당하지 않았을까 하는 의심도 해본다. 말은 문법이 맞는다고 이해가 잘되고 안되고 하는 것이 아니다. 자신감이 없는 사람은 말도 안되는 말에도 고개를 끄덕인다. 보이스 피싱이 괜히 번지는 것이 아니다.

나이 든 세대의 언어를 젊은 세대가 따라 배우던 시대는 이미 저물었다. 노인의 말은 농경 사회에서는 권위가 있다. 자연환경과의 교감, 반복된 노동에서 익힌 예민한 손끝 기술 등은 지난날의 노인들을 늘 지혜롭고 혜안을 지녔으며 점잖은 풍모의 어르신이 되게 해주었다. 오늘날처럼 기술 중심 시대에서 노인들의 지식은 삽시간에 골동품 지식이 되어버린다. 노인이 아니라 장년만 되어도 이미 그들의 지식은 노후화된 것으로 평가 받기 쉽다. 이런 판에 그 누가 노인들의 말씀과 교훈에 귀를 기울이겠는가?

노인들의 말은 날이 갈수록 무관심의 대상이 되어만 간다. 그러면서도 노인들이 젊은이들의 언어를 배울 기회는 없다. 세대 간

소통 장애는 저절로 해소되지 않는다. 방치하면 남남처럼 점점 더 벌어질 것이다. 늙어도 또 배울 수 있는 기회를 가질 수 있는, 그래서 젊은이들의 새로운 지식을 함께 공유하고 그들의 의견과 마음을 이해하고 지지할 수도 있는, 또 젊은이들은 노인들이 왜 매사에 이러저러한 반응만 보이는지를 이해할 수 있는 사회가 되어야 한다. 지금의 젊은 세대들도 머지않아 '꼰대' 소리를 자주 듣게 될 것이다. 세대 간의 소통 장애를 '지속가능한 소통 체계'로 진화시키기 위해서 더 늦기 전에 관심을 가져야 한다.

젊은이들도 점점 늙어간다. '살아간다'는 말과 '죽어간다'는 말은 서로 대척점에 있는 반대말처럼 들린다. 그러나 그 의미는 똑같다. 우리는 살아가면서 죽어가고 있는 것이다.

소외되지 않는
의사결정을 위하여

언어 그 자체의 의미가 착한지 악한지를 논하는 것은 무의미하다. 어떤 말을 쓰든지 그 말의 '기능'이 어떤가가 훨씬 중요하다. 곧 착하고 아름다운 기능을 제대로 하는지, 반대로 상대에게 상처를 주고 회복 불가능한 낙인을 찍는 기능을 하는지를 중심으로 보자는 것이다. 말은 사회를 지키는 유용한 이기인 동시에 그것을 무너뜨리는 흉기이기도 하기 때문이다. 말은 사람들을 지혜롭게 만들기도 하지만 반대로 증오를 퍼뜨려 파괴적인 결과를 낳기도 한다.

독일의 나치스는 유대인과 집시에 대한 증오와 편견의 말을 퍼뜨려 오랜 세월 형성되어온 사회적 통합을 일시에 무너뜨렸다.

미국의 일부 보수 세력도 유색인종에 대한 혐오감을 감추지 않고 내뱉었다. 한국 사회는 어떠한가? 아직도 제대로 극복하지 못한 지역 차별, 장애인 차별에다가 근간에는 외국인 차별, 특정 종교에 대한 부당한 표현까지 언어적 자유가 심각하게 오용되어가고 있다.

　무척 경악스러운 것은 우리 사회의 반쪽을 차지하는 여성에 대한 혐오감까지 아무렇지도 않다는 듯이 내뱉는 일이다. 특히 반여성적인 발언은 공직자 사회에서도 만연한 것 같은데, 어떤 경우에는 농담 같기도 하고 장난으로 하는 말 같기도 해서 뭐라고 대응하기도 쉽지 않다. 반여성적 발언은 반여성적 범죄에 대해서도 자꾸 둔감하게 만드는 효과가 있다. 그러므로 이러한 혐오 표현이 난무하게 된 사회구조와 환경에 눈을 돌려야 한다. 전문가들은 이런 현상의 밑바닥에는 소수자와 사회적 약자에 대한 혐오와 경멸이 깔려 있다고 진단한다. 그들 자신도 공식적인 사회적 소통망에서 주변화되어버렸기 때문이란다. 다시 말해서 이 사회에서 소외된 자들이 자신보다 더 소외된 자를 학대한다는 것이다.

　만일 이러한 진단이 옳다면, 기존의 의사소통 구조 속에서 현실 문제를 구성원들이 공유하지 못하고 있다는 말이 아닌가. 소통의 통로 자체가 문제라는 말이기도 하다. 그렇다면 당연히 우리 내부의 의사결정 과정을 개선할 필요가 있다. 가상적으로 예를 든다면 도로교통법을 만들 때 그 분야 전문가와 경찰, 국회의원들끼리만 논의하는 것이 아니라 택시 운전사, 자가용 운전자, 도보 통행자 등도 함께 발언대에 세우는 것을 말할 수 있겠다. 여기에 교통사고 피해자도 포함시키면 좋을 것이다. 지금까지 '전문가', '의결권이 있는 사람' 등으로 한정되었던 논의 구조를 활짝 열어 '관련자'들을 폭 넓게 참여시킬 필요가 있다는 것이다. 만일 주택 문제를 해결하는 과정이라면, 무주택자의 사정을 너그럽게 들어주는 정도가 아니라 무주택자 몫의 의결권이 필요하다. 대학 구조를 개선하는 과정이라면, 재학생과 졸업생들의 발언권과 의결권을 보장하는 방식으로 '소외되지 않는 의사결정' 체제를 만들 필요가 있다. 혐오와 경멸의 말을 내뱉는 배경에는 자신과 무관한 일이라고 생각하거나 나를 빼고 자기들끼리 해 먹고 있다는 섭섭함과 소외감이 깔려 있을 가능성이 많기 때문이다.

더 나아가 근본적으로 새로운 구조를 생각해야 한다. 의사결정 과정 전반에 대한 혁신적인 수정이 필요하다. 모든 의회 심급, 각종 공공 위원회, 총회, 평의회 종류에 '약자와 소수자'를 포함하여 폭넓은 '사회적 간여자'의 몫을 늘이는 것이 옳다. 다문화 정책에 다문화 가정 구성원을 과감하게 넣고, 교도소 문제를 논하는 논의 구조에 전과자들도 합석하게 하여 사회적 담론 수렴 과정의 전면적인 혁신을 꿈꿔보자. 이 사회의 안정과 발전을 위해서는 새로운 혁신이 불가피하다.

지금까지 모든 의회적·대의적 기구는 현실에서 자신의 몫을 차지한 사람들만이 중심이 되었다. 그러나 이런 식의 '대의'는 현실 속에서 제대로 기능하지 않았던 것으로 보인다. 이제는 여기에서 제외되거나 주변화된 소수자와 약자들에게 의사결정에 참여할 수 있는 '의석'을 보장해야 한다. 그래야 언어 사용 방식을 혁신하고 사회적 역할 분담이 작동할 수 있으며, 사회적 의제와 논의 구조, 그리고 행동과 실천이 일관성을 갖출 수 있다. 근대사회가 언어의 혁신을 통해 이루어졌다면 근대의 완성 역시 새로운 언어적 제도의 혁신에서 시작해야 하지 않을까 한다.

'탈북자'가 아니라
'난민'이다

우리는 미국이 남과 북으로 분열되어 서로 총질하고 싸웠던 일을 '남북전쟁'이라고 한다. 이 개념에 대해 별로 의심을 해본 일이 없을 것이다. 그런데 영어로는 그 사건을 그냥 '내전(civil war)'이라고 부른다. 듣고 보니 참 그럴듯하다. 미국과 영국이 싸운 것도 아니고 같은 나라의 남부와 북부가 싸운 것이니 내전임에 틀림이 없다. 동족끼리 싸우고 나서 무슨 '전쟁'이라고 일컫는 게 어색하기 짝이 없다. 내전일 경우에는 당연히 외세의 개입을 거부하는 것이 현명한 태도일 것이다.

우리도 분단 이후에 전쟁 행위를 했었다. 그것을 한동안 '동란'이니 '사변'이니 하고 부르다가 나중에서야 '(한국)전쟁'이라는 말로 정착이 됐다. 그런데 좀 이상하지 않은가? 왜 우리는 '내전'이라 하지 않고 '전쟁'이라 하는가? 아마도 시작은 내전이었으되, 전쟁이 터지고 나서는 외세의 개입으로 국제적인 복합적 전쟁이 되어버렸기 때문일 것이다. 굳이 전쟁이란 말을 붙이려면 차라리 '(한/조선)반도 분단 전쟁'이라 부르는 것이 조금 더 낫지 않을까 하는 생각도 든다.

같은 시각으로 역사를 보니 '임진왜란'이니 '병자호란'이니 하는 말도 그 개념 자체가 무척 조악하다. 두 전쟁 모두 분명히 우리에 대한 '침략 전쟁'이었고, 당시 동아시아의 판세를 뒤집는 결정적인 전쟁이었음에도 불구하고 마치 왜구나 오랑캐들이 난리를 일으켰다는 정도로만 표현하고 있다. 전쟁에 대한 역사적 책임을 묻기에도 민망한 용어이다. 옛날엔 '동학농민전쟁'도 그저 '동학란'이라고 불렀는데, '동학농민전쟁'은 독일의 '농민전쟁'처럼 대표적 계급간의 전쟁으로 꼽을 수 있는 중요한 사례이다. 이처럼 역사 용어도 좀 더 보편적 개념에 맞추어야 할 필요가 있다.

한동안 혁명으로 일컬어졌던 '5.16군사혁명'은 이제는 '군사정변'으로 그 개념이 정리되었다. '광주사태'도 '광주민주화운동'

으로 정착이 됐다. '4.19혁명'도 꽤 오랫동안 '학생 의거'라고 불렀다. 혁명으로 보기에 미진한 부분도 눈에 띄었고, 그보다는 '의거'라고 하는 것이 무언가 수사적으로 온건해 보였기 때문일 것이다. 역사적 사건에 대한 시민들의 인식에 깊이가 더해지면서 개념이 점점 더 보편성을 띠어가고 있는 것 같다.

전쟁의 개념만 문제가 아니다. 민간인으로서 전쟁을 겪다 보면 맞닥뜨리는 일이 '피난'이다. 전쟁을 피해 다른 지역으로 도피한 것을 '피난'이라는 단어로 나타낸다. 피난 가다, 피난살이, 피난민, 피난둥이 같은 말도 생겼다.

그런데 2차 세계대전 이후 난민 문제에 대해 국제법에 따른 제도가 만들어지면서, 전쟁이나 재난을 피해서 도피한 사람들을 일괄적으로 '난민'이라고 일컫게 되었다. 그러다 보니 우리가 겪었던 '피난민'으로서의 삶과 요즘에 보도되는 외국의 '난민'이 서로 다른 개념 같아 보이기도 한다. 이와 같은 언어의 차이가 우리로 하여금 난민 문제를 낯설어하게 만든 원인이 되지는 않았을까 생각한다.

굳이 두 단어를 구분하자면, 우리가 겪었던 피난살이는 외국이 아닌 국내에서 좀 더 안전한 곳으로 피신한 것이다. 한편 요즘의 난민은 국적을 부여해준 자기 나라를 떠나 일종의 망명권, 곧 망명할 권리를 이용하여 난민으로서의 안전한 지위를 얻으려 한다. 난민은 각자의 이념이나 신앙을 지키기 위해, 전쟁과 폭력 등을 피해서 합법적으로 타국에 가서 안전을 도모할 수 있다는 것, 그리고 그 권리는 인도적으로 보장되어야 한다는 것 등으로 개념이 보편화되어 있다. '난민'과 '망명'은 떼려야 뗄 수 없는 긴밀한 관계의 개념이 되었다.

6월 20일은 '세계 난민의 날'이다. 재난이나 고통스러운 일을 당해, 혹은 빈곤으로 말미암아 국경을 넘어 난민이 된 사람들에 대해 인도적인 시각에서 긍정적인 도움을 베풀기를 장려하는 날이다. 그러나 2018년에 대거 제주도로 들어와 난민 신청을 했던 예멘인들에게 내국인들이 보냈던 차가운 시선은, 전쟁으로 말미암은 피난살이를 겪은 사람들의 태도라고 믿어지지 않을 정도였다.

또 다른 특수한 경우가 탈북자의 경우이다. 어려운 상황을 피해서 왔으니 피난민이라고 할 만도 하고, 사실상의 국경을 넘어왔으니 난민이라고 할 만도 하다. 그러나 그들에게는 이도 저도 아닌 '탈북자'라는 특수한 이름이 주어졌다. 법적으로도 '특수한 대우'를 해주며, 불가피하게 '정치적'인 판단과 '안보'에 연동된 조치를 받는다. 그러므로 '북한 난민'이 아닌 '탈북자'는 지나치게 '정치적인 명명'에 가깝다. 이 명명을 통해 그들에게 보편적인 난민이 아닌 또 다른 속성을 부여하기 때문이다. 한 인간의 삶으로 본다기보다는 일종의 안보와 사상과 연결된 특수한 신분으로 보고 싶어하는 말이라는 점에서 그리 건강하게 느껴지지 않는 조어법이다.

탈북자든 중동에서 내전을 피해 온 사람이든 그들이 고향을 떠나 난민의 길을 선택한 것이 진정 인간적인 대우를 갈구한 결과였다면, 당연히 그들에게 인도적인 대우를 보장해주어야 한다. 어려움에 처한 사람들을 정치적으로만 이용하지 말고 더욱 따뜻하게 인도적으로 접근하기 위해서라도, 그들을 특수한 정치적 개념의 '탈북자'로 부르기보다는 국제적인 표준에 의한 보편적 용어인 '난민'으로 부르고 대우하는 것이 더욱 바람직할 터이다.

이것은 노동인가
근로인가

사람은 일을 함으로써 삶을 유지한다. 이런 것을 생계를 유지한다고 하기도 하고, 속된 말로는 입에 풀칠한다고도 한다. 그리고 이렇게 일을 해서 얻은 재화가 넉넉할 경우에는 여기서 생긴 여유와 축적을 바탕으로 문화라는 것을 일군다. 결국 사람은 노동을 통해 재화를 생산하며, 소비를 통해 휴식을 하면서 힘을 다시 채워 넣는다. 이렇게 삶을 유지하기 위해 힘을 쏟아 활동하는 것을 가리켜 '일'을 한다고도 하지만, 보편적 개념으로 '노동'이라고 한다. '일'이란 말은 "일이 터졌다"는 말에서처럼 무슨 사고나 사건이란 뜻도 지녔기 때문에 사용이 거북한 경우도 있다.

이 노동을, 주어진 일자리에서 일정한 조건과 계약에 따라 품을 팔아 일하면 보통 '근로'라는 말로 표현하기도 한다. 그냥 '부지런히 일한다'는 뜻이다. 대개 직장에서 하는 일들을 가리키다 보니, 혼자서 취미로 무언가를 하거나 누군가를 도와주는 일을 하면 '근로'라는 말을 붙이기가 어색하다. 대개 '근로계약서'를 작성하고, '근로소득세'를 내는 경우에 해당한다고 보면 큰 문제가 없을 것 같다. 그러다 보니 농민과 주부들은 누구보다 열심히 일을 하는데도 도무지 '근로'의 범주에 쉽게 포착되지 않는다. 근로라는 말이 주로 일정한 고용 조건을 전제로 사용되기 때문이다. 결국은 농민과 주부들처럼 덜 '조직화'된 작업에 종사하는 사람들의 고된 삶이 잘 포착되지 않는다는 문제가 있다. 그런 점에서 근로와 노동은 그 개념의 크기와 쓰임새가 분명히 다르다.

사람의 삶에서 가장 많은 부분을 차지하는 활동, 곧 몸을 이용하여 재화를 얻기 위해 에너지를 소모하는 일, 그것 없이는 삶의 유지가 거의 불가능한 것, 그것을 담기 적합한 용어는 '근로'보다는 '노동'이다. 그러나 이 단어에는 과거 우리 사회가 신경질적으로 반공 의식을 내세우던 시절, 노동자들의 권익을 위한다고 하면 무슨 국사범 용의자 보듯 하던 시절에 생겨난 선입관 혹은 고정관념이 깃들어 있다. 그래서 이 단어 쓰기를 어딘지 모르게 불편해하는 경우가 많다.

그뿐만 아니라 삶을 유지하는 가장 중요한 활동임에도 불구하고 '노동'이라는 말은 마치 무슨 날품팔이 막노동을 일컫는 것 같은 인상을 주기도 한다. 전국의 교사들이 노조를 만들었을 때도 "학교 선생이 무슨 노동자냐?" 하며 그들의 활동을 전혀 이해하지 못하고 힐난하던 고정관념이 바로 과거지향적 사고방식의 산물이었다. 삶에서 '노동'을 제거한다는 것은 곧 교육에서 학습이라는 중심 개념을 빼버리거나, 종교에서 신앙이라는 요소를 지워버리는 것과 마찬가지라고 할 수 있다.

'근로'라는 말은 주로 고용/피고용 관계에서 사용되다 보니 생산자와 생산물의 관계가 드러나지 않는다. 근로자 혹은 노동자가 직접 생산을 수행한 생산자이면서도 생산물이 마치 고용주 혼자만의 것인 양 해석되기 쉽다. 그에 따라 노동자의 존재는 보이지 않는다. 그들은 피고용자로서 생산에 대한 지시를 받기만 하거나, 이익의 극히 일부만을 분배받고 생산 현장에서 소외된다. 이른바 시장경제의 가장 중요한 주도자임에도 불구하고 소외되는 세력이다.

그러한 노동자들이 사회적·역사적 소외를 극복하고 노동 과정에서의 주인됨을 자각하여 제정한 기념일이 있다. 바로 5월 1일, 국제적으로 제정된 '노동절'(메이데이)이다. 착취당하기 쉽고, 배움의 기회를 놓치기 쉬우며, 경제 위기에 쉽게 상처받고, 가족의 안정이 쉽게 흔들리는 노동자 집단이 국제적으로 연대하며 함께 단결을 다지는 날이다. 그런데 우리는 이날을 굳이 '근로자의 날'이라 달리 부르며, 한때는 날짜도 여느 나라들과 달리했다. 미국은 지금도 노동절을 9월 첫째 월요일로 삼고 있는데, 노동자들의 조직 활동에 너그럽지 않은 사회임을 보여주는 단면이다. 이런 것은 노동자들의 유대와 단결을 못마땅해하던 지난날의 폐습이다. 이제는 공무원들까지도 노조를 만드는 시대에 들어서고 있다. 세상 보는 시각을 좀 더 넓혀야 한다.

우리는 국제적으로 알려진 개념을 말할 때는 툭하면 '글로벌 스탠더드'라는 말을 내세운다. 그런 시각에서 본다면 '노동절'이라는 단어야말로 가장 널리 알려진 국제 표준어에 가깝다. '글로벌 스탠다드'라는 말은 한쪽 진영이 유리할 때만 쓰고 불리할 때는 버릴 수 있는 말이 아니다. 고용계약서가 있건 없건, 근로소득세를 내건 말건, 소득의 높고 낮음을 떠나 우리가 매일매일 공들이는 노동의 가치와 의미를 1년에 단 하루만이라도 제대로 되돌아보자. 세상의 온갖 가치와 의미는 누군가의 노동에서 비롯한다.

언어적 도발을
멈추게 하려면

말을 올바르게 쓴다고 하면 대개는 문법이나 맞춤법을 틀리지 않게 사용하는 정도로 생각하기 쉽다. 그런데 사실 문법이나 맞춤법, 아니면 발음이 틀려 오해를 빚는 경우는 그리 많지 않다. 맥락만 타당하면 그러한 말실수는 누구든지 너그럽게 넘어간다. 단지 맥락에서 어떤 의도가 있다고 의심받게 되면 문법이 정확하더라도 사태가 심각해질 수 있다. 그래서 만약 말실수를 했으면 '적대적 의도'가 없었음을 해명하고 이해시켜야 한다. 만일 그런 노력을 안 하고 방치하면 그것을 '언어적인 도발'로 받아들여도 할 말이 없다.

세월호 참사가 났을 때의 기억을 더듬어보자. 일부 정치인들이 '교통사고'라든지 '세금 도둑'이라는 말을 내뱉어 많은 상식적인 사람들한테서 지탄을 받았다. 분명한 의도가 있는 도발이었다. 정치적인 이해관계로 윤리적인 맥락을 비틀어버린 것이다. 농민 백남기 씨가 사경을 헤매다 숨을 거두었을 때도 비슷한 일이 반복되었다. 언어가 최소한의 윤리적 장치마저 해체했을 때 어떤 일이 벌어질지 미리 예고해준 것 같다.

비슷한 논리로 박정희 대통령 피살 사건을 '총기 사고'라 한다면 어찌 될까? 그의 부인도 총으로 숨졌는데 그것을 '오발 사고'라고 했다면 어땠을까? 총을 쏜 사람의 행동은 안 보이게 될 것이다. 결국은 말하는 이의 '의도'에 다른 뜻이 있다고 볼 수밖에 없다. 그래서 언어에는 상식적 윤리가 필요하다. 모든 상황을 언어로 그대로 재생해냈다고 해서 그것이 사실에 대한 묘사라고 하기 어려운 것이다. 진실된 말은 무엇보다 그 진실에 복종하려는 맥락을 지녀야 한다.

논의를 좀 더 넓혀 가보자. 일본 정부가 일제 때 징용당했던 조선인들을 '구 조선반도(한반도) 출신 노동자'라고 일컫기로 했다 한다. '징용'이라는 의미가 사라진 것이다. 무엇을 의도하는지가 뻔히 보인다. '강제로' 끌려갔다던 노동자들이 삽시간에 '피해자'가 아닌 보통의 '취업자'가 된 것이다. 그들이 보통의 취업자였다면 이른바 '강점기'니 '식민지 시대'니 하는 말들 모두 일종의 착시 현상에 지나지 않게 된다.

이럴 때 왜 그들이 그렇게 고통스럽게 일했는지, 그리고 어떤 피해를 입었는지 끈질기게 의문을 제기하는 것이 중요하다. 그러자면 '위안부' 할머니들 문제에서처럼 피해자 중심의 접근이 중요하다. 사회적 약자였던 그들이 피하려야 피할 수 없었던, 인간으로서의 존엄성이 산산조각 난 그 과정에 대한 인간적인 이해 없이 그것도 취업이라는 둥, 자발적이라는 둥, 대가를 분명히 받았다는 둥 하는 것은 사실 왜곡보다도 더 비윤리적인 언어적 도발이다.

2차 대전 때 큰 피해를 입은 유대인과 집시들 문제를 떠올려보자. 유대인과 집시는 유럽의 역사 속에서 뿌리 깊은 인종의 문제인 동시에 신앙의 문제였고, 사회질서의 문제이기도 했다. 대부분의 유럽인들은 퍽 오랫동안 유대인과 집시들과 불화한 관계를 맺어왔다. 내로라하는 논객들이 대놓고 '유대인 문제'라는 글을 발표하기도 했다. 유대인과 집시들이 불행하지 않게 보낸 세기가 없었을 정도였다.

유럽의 파시즘 체제와 2차 대전은 유대인과 집시들에게는 견딜 수 없는 엄혹한 시기를 안겨다주었다. 그들의 희생은 이루 말할 수 없었으며, 그들이 큰 고통을 겪었던 만큼 연합국의 승리는 더욱 값지게 느껴진다. 그러한 이해는 더 나아가 일본제국주의에 시달렸던 동아시아 사람들에 대한 연대의식으로 이어지며, 이어져야 한다.

　　만일 유대인들도 무언가 잘못한 것이 있으니 죽은 것 아니냐고 묻는다든지, 집시는 원래부터 탄압받았던 사람들이지 굳이 파시즘한테만 당한 것은 아니지 않느냐 한다든지, 그러한 죄악은 당시 군 작전을 책임졌던 사령관과 통치자들이 저지른 것이지 그 이후에 태어난 우리의 잘못은 아니라고 변명한다든지 하는 것은 그야말로 전쟁 이후에 공유된 모든 보편적 윤리와 가치를 전면적으로 부인하는 도발 행위이다.

　　독일 국민들이 당시에 저질렀던 잘못을 진심으로 뉘우치고 있다고 알려져 있기는 하지만 종종 그 사회에서도 피해자 숫자가 과장된 것 같다는 둥, 나치스의 잘못이지 왜 모든 국민이 용서를 빌어야 하냐는 둥, 잘못은 했지만 배상액이 과하다는 둥 하는 볼멘소리가 전혀 안 나오는 것은 아니다. 그러나 그러한 언어적 도발이 터져 나올 때마다 그에 대응하는 정치인, 언론인, 지식인들의 단호하고도 명쾌한 자세가 그 이상의 도발을 감히 시도할 엄두가 안 나게 한다.

윤리와 도덕은 얌전하게 앉아 있으면서 성취하는 게 아니다. 화도 내야 하고 목소리도 높여야 한다. 한데 뭉쳐서 구호를 외치기도 해야 한다. 우리가 조용히, 얌전히 있으면 불의는 그 순간만을 기다리고 있다가 스멀스멀 언어적 도발을 다시 시작할 것이다.

거리의 언어학

사회언어학자 김하수의 말 읽기 세상 읽기

© 김하수 2020

초판 1쇄 발행 2020년 7월 20일
2쇄 발행 2021년 7월 5일
지은이 김하수
디자인 신병근
인쇄 스크린그래픽

펴낸곳 한뼘책방
등록 제25100-2016-000066호(2016년 8월 19일)
전화 02-6013-0525
팩스 0303-3445-0525
이메일 littlebkshop@gmail.com
인스타그램, 트위터, 페이스북 @littlebkshop
CIP제어번호 CIP2020026989
ISBN 979-11-90635-03-5 03700